Advanced IBM SPSS

고급 SPSS 이해와 활용

박성현 Park Sung-Hyun
김성수 Kim Sung-Soo
황현식 Hwang Hyun-Sik

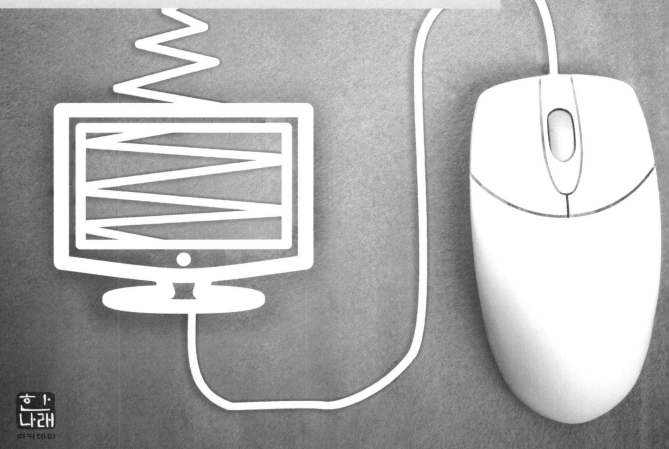

한나래
아카데미

고급 SPSS 이해와 활용
Advanced IBM SPSS

지은이 | 박성현, 김성수, 황현식
펴낸이 | 한기철

2011년 3월 10일 1판 1쇄 펴냄
2013년 8월 30일 1판 2쇄 펴냄

펴낸곳 | 한나래출판사
등록 | 1991. 2. 25 제22-80호
주소 | 서울시 마포구 월드컵로3길 39(합정동 388-28) 합정빌딩 2층
전화 | 02-738-5637 · 팩스 | 02-363-5637 · e-mail | hannarae91@naver.com
www.hannarae.net

ⓒ 2011 박성현·김성수·황현식
published by Hannarae Publishing Co.
Printed in Seoul

ISBN 978-89-5566-114-9 94310
ISBN 978-89-5566-051-7(세트)

머리말

우리 사회가 발 빠르게 정보화 사회에서 지식사회로 변해가는 모습을 느낄 수 있다. 우리 주위에는 엄청난 양의 데이터가 생산되고 있으며, 이들 데이터를 통계분석을 통해 정보화하고, 정보들을 엮어 필요한 지식으로 변환하는 것은 지식사회의 필수적인 요소이다. 통계패키지 SPSS(Statistical Package for the Social Sciences)는 데이터를 신속 정확히 분석하여 정보를 얻는 데 매우 유용한 통계분석 도구로서 지식인의 필요한 상식이 되어 가고 있다.

1969년에 처음으로 발표된 SPSS는 초기에는 사회과학에서 많이 사용하는 설문조사, 시장조사 등의 데이터 분석용으로 시작하였으나, 그 후 1983년에 모든 통계적 분석방법에 사용되는 SPSS^{x}로 성장하였고, 1990년대 초에는 SPSS Windows용이 보급되어 그 저변을 확대하였다. 2005년에는 Windows용 SPSS Ver. 12K로부터 '한글 SPSS'가 개발되었고, 그 후 SPSS Ver. 17K가 개발되어 기능이 많이 보강 되었다. 필자들은 2009년에 SPSS를 사용하는 초급자와 중급자들이 쉽게 이해하고 활용할 수 있도록 ≪SPSS 17.0 이해와 활용≫이라는 책을 발간하여 많은 독자들로부터 좋은 평가를 받은 바 있다. 그러나 이 책에는 고급 분석방법인 일반화 선형모형, 혼합모형, 반복측정분석, 신경망, 결측값 분석, 다중대입, 품질관리 등이 포함되어 있지 않아 독자들로부터 이들 고급 분석방법에 대한 책자 발간을 요구받아왔다.

2009년 후반기에 SPSS 회사가 IBM에 인수되었고, 곧이어 2010년도에 'IBM SPSS Ver. 19K'가 발표되었다. 필자들은 고급 분석방법 소개에 대한 독자들의 요구에도 응하고, Ver. 19K도 소개하고, 정보화 지식사회에서 통계학의 역할 강화에 일조하기 위하여 이 책자를 발간하게 되었다. 이 책에서는 Ver. 19K의 고급 분석방법만 소개하지만, 기타 초급이나 중급의 분석방법들인 기술통계, 그래프의 작성, 평균비교, 상관분석, 회귀분석, 일반선형모형, 비모수검정 등은 모두 Ver. 17K와 동일하므로 ≪SPSS 17.0 이해와 활용≫ 책자를 참고하여 주기 바란다.

이 책을 통하여 한글 SPSS가 더 많이 사용되고, 또한 이와 같은 사용을 통하여 통계학이 널리 보급되어 통계학의 응용이 더욱 활발해지기를 진심으로 바라는 마음이다. 우리나라의 지식인들이 우리 주위의 방대한 데이터를 분석하여 정보를 얻고, 정보들을 잘 묶어서 필요한 지식을 생산하면, 그만큼 우리나라가 빠른 시일 내에 지식 강국으로 들어갈 수 있을 것이다. 이 책이 지식 강국으로 가는 우리나라의 길잡이 역할을 하는 책이 되기를 기원한다.

그동안 이 책을 출간할 수 있도록 도와준 한나래출판사 사장님과 관계 직원들께 심심한 감사의 뜻을 전한다. 끝으로 우리들에게 항상 일에 관한 정열과 인내를 주시는 우리 주 하나님께 감사를 드린다. 우리의 인생을 지켜주시는 하나님의 사랑과 은혜가 없었다면 이와 같은 책이 출판되기 어려웠을 것이다.

2011년 2월

저자들 씀

일반화 선형모형   11

Chapter

혼합모형   31

Chapter

1

일반화 선형모형

Generalized Linear Models

Advanced IBM **SPSS**

일반화 선형모형

일반화 선형모형(generalized linear model)은 종속변수가 지정된 연결함수를 통해 요인 및 공변량과 선형적으로 관련되도록 일반선형모형(general linear model)을 확장한 것이다. 일반화 선형모형에서는 종속변수가 비정규 분포를 갖는 것이나 분산이 평균과 관련이 있는 경우도 허용된다. 또한 일반화 선형모형은 이분형 데이터의 로지스틱모형, 빈도 데이터의 로그선형모형, 간격 중도절단 생존 데이터에 대한 음의 로그-로그 모형은 물론 매우 일반적인 통계모형을 모두 포함하여 광범위하게 사용될 수 있는 모형이다.

1.1   일반화 선형모형이란?

선형모형은 일반적으로 독립변수(요인, 공변량 등) 혹은 예측변수 $x_1, x_2, \cdots, x_p$ 를 가지고 정규분포를 따르는 연속형 반응 y를 설명하기 위한 것으로

$$y = \beta_1 x_1 + \beta_2 x_2 + \cdots + \beta_p x_p + \epsilon, \ \epsilon \sim N(0, \sigma^2) \qquad (1.1)$$

로 흔히 표현된다. 이런 모형이 분산분석, 선형회귀모형, 공분산분석 등 매우 다양한 모형의 틀을 제공한다. 그러나 반응 y가 0이나 1인 이산형 반응(discrete response)이거나 이항분포를 따르는 경우에는 정규분포를 가정하고 있는 모형은 성립되지 않는다. 예를 들면 y가 성공($y=1$)이나 실패($y=0$)를 나타내거나, 혹은 y가 독성 수준 x에 노출된 n마리의 실험 쥐 중에서 사망한 쥐의 수를 나타내는 경우에는 y가 이항분포 $B(n, p(x))$를 따르므로, 이런 자료는 본질적으로 고전적인 선형모형 식 (1.1)에 맞지 않는다.

일반화 선형모형은 종속변수 y가 지수족(exponential family) 분포에 속하면 분석이 가능하다. 정규분포도 지수족 분포에 속한다. 일반화 선형모형은 연결함수(link function)를 사용하여 식 (1.1)을 확장한 것으로, 선형예측식(linear predictor)을 사용하는 것은 선형모형과 동일하다.

1.1.1   지수족 분포

지수족 분포는 확률밀도함수(probability density function) $f(y; \theta, \phi)$가 다음과 같이 표현되는 분포이다.

$$f(y; \theta, \phi) = \exp[\theta y - b(\theta)/a(\phi) + c(y, \phi)] \qquad (1.2)$$

다음과 같은 분포들이 대표적으로 지수족 분포에 속한다. 지수족 분포에 대한 자세한 설명은 참고문헌(허명회, 1993)을 참조하기 바란다.

- 정규(Normal)분포
- 이항(Binomial)분포
- 역 가우시안(Inverse Gaussian) 분포
- 음이항(Negative binomial)분포
- 감마(Gamma)분포
- 포아송(Poisson)분포
- 트위디(Tweedie)분포
- 다항(Polynomial)분포

가장 대표적인 지수족 분포는 정규분포이다. 예를 들어 정규분포 $N(\mu, \sigma^2)$가 식 (1.2)의 지수족 분포임을 보이면 다음과 같다.

$$
\begin{aligned}
f(y; \theta, \phi) &= \exp[-((y-\mu)^2/2\sigma^2)/(2\pi\sigma^2)^{\frac{1}{2}}] \\
&= \exp[-((y-\mu)^2/2\sigma^2) - \log(2\pi\sigma^2/2)] \\
&= \exp[\mu y - (\mu^2/2)/\sigma^2 + (-y^2/2\sigma^2 - \log(2\pi\sigma^2/2))] \\
&= \exp[\theta y - b(\theta)/a(\phi) + c(y, \phi)]
\end{aligned}
$$

여기서 $\mu = \theta$, $\sigma^2 = \phi$이고, $b(\theta) = \theta^2/2$, $a(\phi) = \phi$이다.

기타 분포들이 지수족임을 보이는 과정은 생략하기로 한다. 여기에서 트위디 (Tweedie)분포는 감마분포와 포아송분포를 혼합한 것으로, 연속 특성(음이 아닌 실수 값)과 이산형 특성(단일값 0에서 양의 확률을 가짐)이 혼합된 것이다.

1.1.2 선형예측식

일반화 선형모형에서는 독립변수 $x_1, x_2, \cdots, x_p$가 반응 y에 주는 영향이 독립 변수들의 선형결합

$$
\eta = \beta_1 x_1 + \beta_2 x_2 + \cdots + \beta_p x_p \tag{1.3}
$$

을 통하여 결정된다는 가정을 하는데, 바로 식 (1.3)을 선형예측식이라고 한다. 회귀분석에서 다루는 선형회귀는 이러한 예측모형에 근거한 것이다. 예를 들어

$$\eta = \beta_1 x_1 / (\beta_2 x_2 + \beta_3 x_3)$$

와 같은 예측식은 선형이 아니므로 일반화 선형모형에서 다룰 수 없다. 그러나 가령

$$\eta = \beta_1 x + \beta_2 x^2$$

과 같은 예측식은 $x_1 = x$, $x_2 = x^2$으로 놓음으로써 선형으로 만들 수 있다. 선형, 비선형의 구분은 예측식이 모수 β에 대하여 선형이냐 아니냐에 달려 있지, 독립변수 x에 달려 있는 것은 아니다.

1.1.3 연결함수

연결함수는 종속변수의 변환을 통하여 다양한 모형을 추정할 수 있게 하는데, 다음과 같은 연결함수들이 대표적인 것이다.

- **동일**: $f(x) = x$. 종속변수가 변환되지 않는 경우로 선형모형 식 (1.1)은 변환 없이 그대로 사용된다.
- **로그**(log): $f(x) = \log(x)$. 종속변수를 로그 변환하여 사용한다.
- **로짓**(logit): $f(x) = \log(x/(1-x))$. 이항분포에만 적합하다.
- **프로빗**(probit): $f(x) = \phi^{-1}(x)$. 여기에서 ϕ^{-1}은 표준정규누적분포의 역함수로 이항분포에만 적합하다.
- **보완 로그−로그**(complementary log-log): $f(x) = \log(-\log(1-x))$. 이항분포에만 적합하다.
- **음의 로그−로그**(negative log-log): $f(x) = -\log(-\log(x))$. 이항분포에만 적합하다.
- **로그 보완**(log complementary): $f(x) = \log(1-x)$. 이항분포에만 적합하다.
- **누적 로짓**(cumulative logit): $f(x) = \ln(x/(1-x))$. 응답에서 각 범주의 누적 확률에 적용된다. 다항분포에만 적합하다.
- **누적 음수 로그−로그**(cumulative negative log-log): $f(x) = -\ln(-\ln(x))$. 응답에서 각 범주의 누적 확률에 적용되며, 다항분포에만 적합하다.

1.2   추정과 통계량

1.2.1   모수 추정

모수 추정 방법은 뉴튼-라프슨 방법(Newton–Raphson method), 피셔의 점수화 방법(Fisher's scoring method), 그리고 위의 두 가지 방법을 혼합한 하이브리드 방법이 있다. 모수 추정에서 사용되는 알고리즘에서 최대 반복계산 수는 알고리즘에서 실행할 반복계산의 최대 횟수이다. 음수가 아닌 정수를 지정하여야 한다.

얻어진 자료가 선형모형 식 (1.1)에 어느 정도 잘 적합하는가를 평가하는 방법으로 편차와 적합도를 구한다. 보통 편차는 우도거리(likelihood distance)로 나타내고, 적합도는 일반화 피어슨 카이제곱(generalized Pearson's chi–square)으로 검정한다.

1.2.2   인쇄되는 출력과 통계량

일반화 선형모형의 분석 결과로는 다음과 같은 출력이 나타난다.

- 케이스 처리 요약: 분석에 포함되었거나 제외된 케이스 수와 퍼센트 및 상관 데이터 요약표를 제시한다.
- 기술통계량: 종속변수, 공변량 및 요인에 대한 기술통계량과 요약 정보를 표시한다.
- 모형 정보: 데이터 파일 이름, 종속변수, 확률분포, 연결함수 등을 표시한다.
- 적합도 통계량: 편차와 척도화된 편차, Pearson 카이제곱 및 척도화된 Pearson 카이제곱, 로그 우도, Akaike 정보기준(AIC), 유한표본 수정된 AIC(AICC), 베이지안 정보기준(BIC) 및 일관된 AIC(CAIC) 등을 표시한다.
- 모형 요약 통계: 각 효과에 대한 제1유형 또는 제3유형의 우도비 통계량 및 모형적합 총괄 검정을 포함한 모형적합 검정 결과를 표시한다.
- 모수 추정값: 모수 추정값과 해당 검정통계량 및 신뢰구간을 표시한다.
- 모수 추정값의 공분산행렬: 추정된 모수의 공분산행렬이 표시된다.
- 모수 추정값의 상관행렬: 추정된 모수의 상관행렬이 표시된다.

1.3 일반화 선형모형 적용 사례

일반화 선형모형의 적용 사례를 살펴보기로 한다. 이 사례는 SPSS에 포함된 예제(ships.sav)로서 다음과 같이 40개의 케이스에 6개의 변수로 구성되어 있다.

〈표 1.1〉 ships.sav(일부)

data number	type	construction	operation	months_service	log_months_service	damage_incidents
1	1	60	60	127	4.84	0
2	1	60	75	63	4.14	0
3	1	65	60	1,095	7.00	3
4	1	65	75	1,095	7.00	4
5	1	70	60	1,512	7.32	6
6	1	70	75	3,353	8.12	18
7	1	75	60	0	.	.
8	1	75	75	2,244	7.72	11
9	2	60	60	44,882	10.71	39
10	2	60	75	17,176	9.75	29
⋮	⋮	⋮	⋮	⋮	⋮	⋮

위의 <표 1.1>에서 각 변수에 대한 간단한 설명은 다음과 같다.

- type＝ship type(배의 종류)
- construction＝year of construction(만들어진 연도)
- operation＝period of operation(운항된 기간)
- months_service＝aggregate months of service(운항된 누적기간(월))
- log_months_service＝log(aggregate months of service)
- damage_incidents＝number of damage incidents(피해사고 수)

이 자료를 바탕으로 파손 횟수가 배의 종류, 만들어진 연도, 운항된 기간에 영향을 받는지에 대해 통계적 분석을 실시하고자 한다. 파손 횟수(damage_incidents)를 종속변수로 type, construction, operation을 독립변수로 설정한다. 종속변수가 횟수 빈도이므로 일반적인 선형모형을 적합하는 것보다는 포아송분포를 가정하여 일반화 선형모형을 적용하는 것이 적절해 보인다.

1.3.1 일반화 선형모형 분석 절차

일반화 선형모형의 절차는 다음과 같다.

1 **분석 – 일반화 선형모형 – 일반화 선형모형**을 선택한다(<그림 1.3.1>).

〈그림 1.3.1〉 일반화 선형모형 메뉴

● **모형 유형** 탭에서 파손 횟수가 빈도이므로 **포아송 로그선형**을 선택한다(<그림 1.3.2>). 이는 연결함수로 log, 모형으로 포아송분포를 설정한다는 뜻이다.

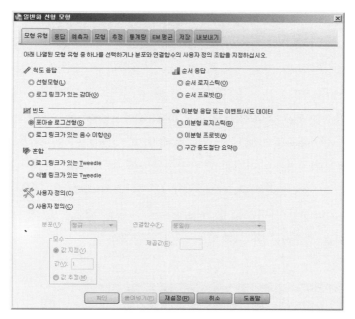

〈그림 1.3.2〉 모형유형 탭

- **응답** 탭에서 종속변수를 선박 피해사고 빈도인 damage_incidents로 설정한다 (<그림 1.3.3>).

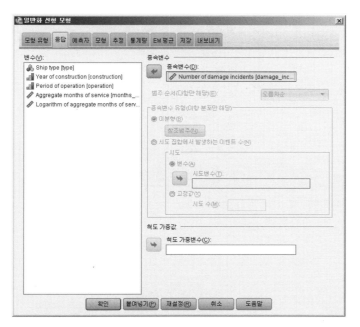

〈그림 1.3.3〉 응답 탭

● <그림 1.3.4>의 **예측자** 탭에서는 요인으로 ship type(type), year of construction (construction), period of operation(operation)을 설정한다. 범주형 변수이기 때문에 이렇게 설정하였다. 만일 연속형 변수로 가정한다면 공변량 항에 배치하면 된다. 여기서 종속변수인 파손 횟수를 볼 때 운항기간을 고려해주어야 하므로 변위(offset)변수를 logarithm of aggregate months of service (log_months_service)로 설정해준다. 단 logarithm of aggregate months of service는 log(months_service)로 미리 계산해두어야 한다. 여기서 변위변수는 빈도를 모형화 할 때 n건에 대한 보정을 해주기 위해 사용한다. 예를 들어 각 케이스가 각기 다른 시구간에서 관측된 사건 수인 경우 시구간 폭을 변위변수로 사용할 필요가 있다. 포아송 모형을 적용할 때는 변위변수를 고려하는 것이 바람직하다.

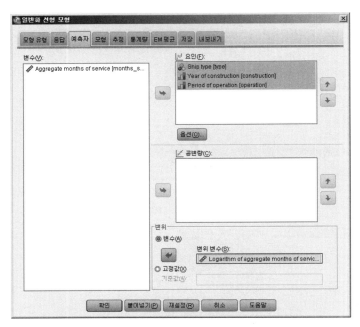

〈그림 1.3.4〉 예측자 탭

● **모형** 탭에서는 type, construction, operation의 세 변수를 모두 주효과로 설정한
다(<그림 1.3.5>).

〈그림 1.3.5〉 모형 탭

● **추정** 탭에서는 척도 모수 방법을 Pearson 카이제곱으로 설정한다(<그림 1.3.6>). 고정값으로 두는 것보다 좀 더 보수적인 추정을 하게 된다. 그 외 **통계량, EM 평균, 저장, 내보내기** 탭은 생략하기로 한다. **〈확인〉**을 클릭하여 출력결과를 확인해보기로 한다.

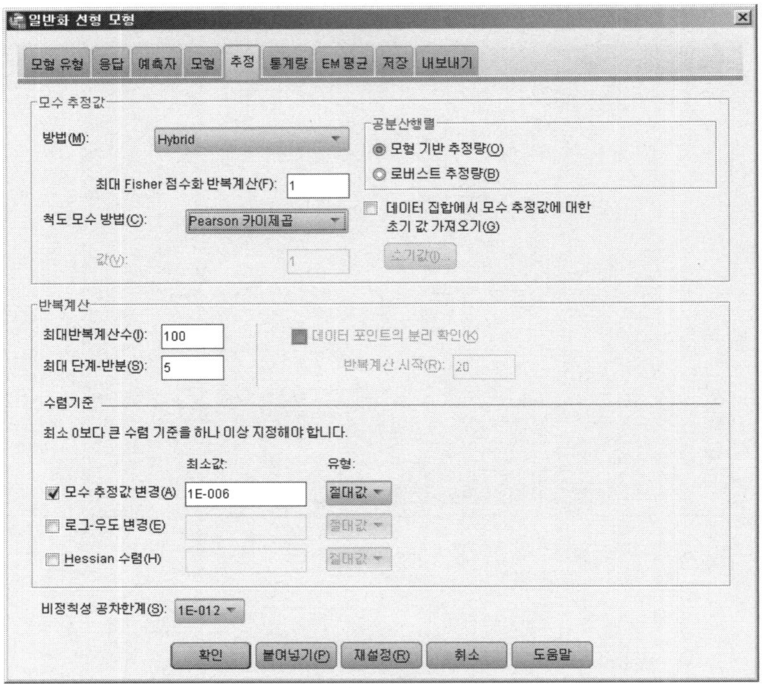

〈그림 1.3.6〉 추정 탭

2 출력결과는 다음과 같다.

모형정보

종속 변수	Number of damage incidents
확률 분포	포아송
연결함수	로그
변위 변수	Logarithm of aggregate months of service

케이스 처리 요약

	N	퍼센트
포함됨	34	85.0%
제외됨	6	15.0%
합계	40	100.0%

〈그림 1.3.7〉 모형정보와 케이스 처리 요약

● 〈그림 1.3.7〉에서 종속변수, 확률분포 등이 의도한 대로 설정되었는지를 확인한다. 분석에서 제외된 케이스는 종속변수가 결측인 6개이다. 〈그림 1.3.8〉의 범주형 변수 정보는 요인으로 설정된 변수들의 범주별 빈도와 퍼센트이다. 배의 형태(Ship type)는 5가지로 나누어져 있음을 볼 수 있다.

범주형 변수 정보

			N	퍼센트
요인	Ship type	A	7	20.6%
		B	7	20.6%
		C	7	20.6%
		D	7	20.6%
		E	6	17.6%
		합계	34	100.0%
	Year of construction	1960-64	9	26.5%
		1965-69	10	29.4%
		1970-74	10	29.4%
		1975-79	5	14.7%
		합계	34	100.0%
	Period of operation	1960-74	15	44.1%
		1975-79	19	55.9%
		합계	34	100.0%

〈그림 1.3.8〉 범주형 변수 정보

● <그림 1.3.9>는 연속형 변수의 기술통계량이다.

연속형 변수 정보

		N	최소값	최대값	평균	표준편차
종속 변수	Number of damage incidents	34	0	58	10.47	15.735
변위	Logarithm of aggregate months of service	34	3.81	10.71	7.0493	1.72109

〈그림 1.3.9〉 연속형 변수 정보

적합도[d]

	값	자유도	값/df
편차	38.695	25	1.548
척도 편차	22.883	25	
Pearson 카이 제곱	42.275	25	1.691
척도 Pearson 카이 제곱	25.000	25	
로그 우도[a,b]	-68.281		
수정된 로그 우도[c]	-40.379		
Akaike 정보 기준(AIC)	154.562		
무한 표본 수정된 AIC (AICC)	162.062		
Bayesian 정보 기준(BIC)	168.299		
일관된 AIC(CAIC)	177.299		

종속변수: Number of damage incidents
모형: (절편), type, construction, operation, 변위 = log_months_service

a. 전체 로그 우도 함수가 표시되고 계산 정보 기준에 사용됩니다.
b. 로그 우도는 1에서 고정된 척도 모수를 기준으로 합니다.
c. 수정된 로그 우도는 추정된 척도 모수를 기준으로 하며 모형 적합 전체 테스트에 사용됩니다.
d. 정보 기준은 가능한 작은 형태입니다.

〈그림 1.3.10〉 적합도 결과

● <그림 1.3.10>의 적합도를 살펴보기로 하자. 편차(Deviance)는 모형에 적합하는 경우 자유도와 일치하는 평균을 가진다. 모형 부적합의 경우에는 편차를 자유도로 나눈 값이 1보다 훨씬 크게 나타난다. 문제는 얼마나 크게 나타나야 적합하지 않은지를 판단하기가 어렵다는 것이다. 그러나 다른 모형을 적합하여 이 결과를 비교하는 것은 가능하므로 어떤 모형이 제일 나은지 판단하는 데 사용할 수 있다. 피어슨의 카이제곱 역시 동일하게 해석한다. 모든 적합도는 작을

수록 잘 적합된 것으로 판단하며, 여기서는 비교의 대상이 없으나 편차가 자유
도에 비하여 크게 벗어나지 않았다고 보여 잘 적합된 것으로 가정한다.

전체 검정[a]

우도비 카이제곱	자유도	유의확률
63.650	8	.000

종속변수: Number of damage incidents
모형: (절편), type, construction, operation, 변위 = log_months_service

a. 적합한 모형을 절편 전용 모형과 비교합니다.

〈그림 1.3.11〉 전체 검정 결과

● 〈그림 1.3.11〉은 상수항을 제외한 모형 전체의 유의성 검정 결과로서 적합
한 모형을 절편만 있는 모형과 비교한 결과이다. 즉 "계수 전체가 0이다"라는
귀무가설을 검정하는 것으로서, 절편만 있는 모형에 비하여 변수들이 있을 때
차이가 있는지를 검정한다. 이 결과에서는 총 8개의 파라미터에 대한 우도비
카이제곱이 63.650으로 유의확률(<0.001)이 낮아 매우 잘 적합되고 있음을 알려
준다.

모형 효과 검정

소스	제 3 유형		
	Wald 카이제곱	자유도	유의확률
(절편)	2138.657	1	.000
type	15.415	4	.004
construction	17.242	3	.001
operation	6.249	1	.012

종속변수: Number of damage incidents
모형: (절편), type, construction, operation, 변위 = log_months_service

〈그림 1.3.12〉 모형 효과 검정 결과

● 〈그림 1.3.12〉는 요인별로 나누어 본 모형 효과 검증 결과로 세 개의 변수
모두 통계적으로 유의함을 알 수 있다. 따라서 종속변수에 영향을 미치고 있다
고 생각할 수 있다.

모수 추정값

모수	B	표준오차	95% Wald 신뢰구간		가설검정		
			하한	상한	Wald 카이제곱	자유도	유의확률
(절편)	-5.242	.3216	-5.873	-4.612	265.733	1	.000
[type=1]	-.326	.3067	-.927	.276	1.127	1	.288
[type=2]	-.869	.2580	-1.375	-.363	11.342	1	.001
[type=3]	-1.013	.4414	-1.878	-.148	5.266	1	.022
[type=4]	-.402	.3994	-1.184	.381	1.011	1	.315
[type=5]	0[a]	.	.	.	.	.	.
[construction=60]	-.453	.3032	-1.048	.141	2.236	1	.135
[construction=65]	.244	.2715	-.288	.776	.806	1	.369
[construction=70]	.365	.2594	-.143	.873	1.980	1	.159
[construction=75]	0[a]	.	.	.	.	.	.
[operation=60]	-.384	.1538	-.686	-.083	6.249	1	.012
[operation=75]	0[a]	.	.	.	.	.	.
(척도)	1.691[b]						

종속변수: Number of damage incidents
모형: (절편), type, construction, operation, 변위 = log_months_service

a. 중복된 모수이므로 0으로 설정됩니다.
b. Pearson 카이제곱을 기준으로 계산됩니다.

〈그림 1.3.13〉 모수 추정 결과

- 〈그림 1.3.13〉은 모수 추정값이다. 추정된 배의 형태(type)를 보면 type=5를 기준으로 type=1인 경우 −0.326, type=2인 경우 −0.869, type=3인 경우 −1.013, type=4인 경우 −0.402로 평균이 그만큼 작다는 것을 의미한다. 연결함수가 로그이므로 type=2는 type=5에 비하여 exp(−0.869)=0.42배로 추정되었다. 즉, 종속변수인 선박 피해사고 빈도를 고려해보면 type=2인 경우가 type=5에 비하여 빈도를 42% 줄인다고 생각할 수 있을 것이다. 만들어진 연도(construction)와 운항 기간(operation)에 대해서도 같은 방식으로 해석할 수 있다. 이때 유의확률이 유의한 경우에 보다 명확하게 차이를 설명할 수 있으므로 계수(B)의 차이만으로 해석하지 않도록 주의하기 바란다.

● ships.sav 자료의 적합 결과를 요약하면 다음과 같다.

- 선박사고의 빈도를 종속변수로 한 포아송 회귀모형으로 잘 적합되었다.
- 선박사고 빈도는 배의 형태, 만들어진 연도, 운항기간과 관련이 있다.
- 선박사고는 배의 형태 중 type=5인 경우 가장 높고 1, 4, 2, 3의 순으로 낮아
  진다. type=5와 유의한 차이를 보이는 형태는 2와 3이다. 운항기간의 경우 75
  개월에 비하여 60개월이 exp(−0.384)배만큼 적다.

연습문제 exercise

1.1 어느 지방의 당뇨로 인한 사망자 수 자료(사망자수.xls)이다. 사망자 수를 종속변수로 하는 일반화 선형모형을 적합시켜보아라.

성별	연령	사망자 수	인구	10만 명당 비율
남자	<25	3	1,141,100	0.26
남자	25−34	10	458,571	0.00
남자	35−44	12	504,312	2.38
남자	45−54	25	447,315	5.59
남자	55−64	61	330,902	18.43
남자	65−74	130	226,403	57.42
남자	75−84	192	130,527	147.10
남자	85+	102	29,785	132.45
여자	<25	2	1,086,408	0.18
여자	25−34	1	489,948	0.20
여자	35−44	3	504,030	0.60
여자	45−54	11	445,763	2.47
여자	55−64	30	323,669	9.27
여자	65−74	63	241,488	26.09
여자	75−84	176	179,686	96.84
여자	85+	159	67,203	236.60

1.2   일반화 선형모형은 독립적인 케이스를 가정하는 반면에, 개별 피험자들이 반복하여 측정된 자료의 경우에는 일반화 추정 방정식을 사용한다. 반복 측정된 변수 간 상관성을 일반화 선형모형에 추가한다고 보면 될 것이다. 다음 자료(임상자료.sav)를 대상으로 환자 상태를 종속변수로 하는 일반화 추정 방정식을 사용하여 분석해보라. 변수에 대한 설명은 자료의 변수보기의 값을 참조하라.

2

혼합모형

Linear Mixed Models

Advanced IBM **SPSS**

혼합모형

혼합모형(mixed model)은 일반선형모형을 확장하여 모형에 모수요인(fixed factor)과 변량요인 (random factor) 혹은 공변량(co-variate)을 포함하는 혼합된 선형모형을 말한다. 이 경우에는 데이터가 상호 관련되고, 데이터의 분산이 일정하지 않게 된다. 모수요인을 고정요인이라 고도 하며, 변량요인을 임의요인이라고 부르기도 한다. 반복측정 자료(repeated observations) 나 시계열(time series) 데이터에 흔히 나타나는 모형의 구조이다.

2.1　반복측정 자료와 혼합모형

<표 2.1>의 사례(허명회(2008))를 살펴보자. 동일한 병을 가진 환자(이를 개체라고 흔히 부른다) 중에서 5명을 임의로(랜덤하게) 선발하고, 4종의 약물(이를 처리라고 흔히 부른다)을 임의 순서로 개체에 사용하여 그 효과를 측정한 자료이다. 자료는 약물처리 후의 반응시간(response time)을 측정하였다.

〈표 2.1〉 4종의 약물처리 간 반응시간의 차이

개체	처리 1	처리 2	처리 3	처리 4
1	30	28	16	34
2	14	18	10	22
3	24	20	18	30
4	38	34	20	44
5	26	28	14	30
평균	26.4	25.6	15.6	32.0

자료 분석의 목적은 처리에 따라 약의 효과가 다른가를 알아보는 데 있다. 여기서 개체는 많은 환자 중에서 임의로 선택되었으므로 변량요인이고, 처리는 4종류의 약물이므로 모수요인이며, 따라서 혼합모형이 된다. 이런 반복측정 문제를 일반화하기 위하여 다음의 모형을 고려하여 보자.

전체 n명의 개체 각각에 p종의 실험처리를 하였다고 하자. 이때의 반응 측정치를 y_{ij}라고 하자. 여기서 첨자 i는 개체를 나타내고, j는 처리번호를 나타낸다. 통계적 모형은

$$y_{ij} = \mu + S_i + \tau_j + \epsilon_{ij}, \quad i = 1,2,\cdots,n, \ j = 1,2,\cdots,p. \tag{2.1}$$

으로, S_i는 개체 i의 모수효과(fixed effect)이고, τ_j는 처리 j의 변량효과(random effect)이며, 오차항 ϵ_{ij}는 평균이 0, 분산이 σ^2인 독립적인 정규분포를 따르는

변량이라고 가정한다. 식 (2.1)은 형태상 모수인자만 있는 2원배치 분산분석모형과 일치한다. 그러나 다른 점은 개체 효과 S_i를 고정모수가 아니라 확률변량으로 취급한다는 것이다. 즉, 개체들은 실험 모집단으로부터 추출된 랜덤표본으로 간주한다. 구체적으로는 S_i를 평균 0, 분산이 σ_s^2인 독립적인 정규분포 변량으로 가정하게 된다. 따라서 분석 자료에서

$$y_i = (y_{i1}, y_{i2}, \cdots, y_{ip})', i = 1, 2, \cdots, n. \tag{2.2}$$

은 n개의 p-변량 반복 관측으로 볼 수 있다. <표 2.1>에서는 5개의 4변량 관측 자료로 볼 수 있다. 이처럼 식 (2.1)이 변량효과와 모수효과를 모두 포함하고 있으므로 혼합모형 혹은 혼합효과모형(mixed effects model)이라고 부른다. 변동(제곱합)을 계산하는 방법은 두 개의 인자가 모두 모수인자인 2원배치 분산분석과 동일하게 시행된다.

식 (2.2)의 y_i는 p-변량 정규분포 $N(\mu_y, \Sigma_y)$를 독립적으로 따르는 $i.i.d$ 관측치이다. 여기서

$$\mu_y = (\mu_1, \cdots, \mu_p)' = (\mu + \tau_1, \cdots, \mu + \tau_p)'.$$

$$\Sigma_y = \begin{pmatrix} \sigma^2 + \sigma_s^2 & \sigma_s^2 & \cdots & \sigma_s^2 \\ \sigma_s^2 & \sigma^2 + \sigma_s^2 & \cdots & \sigma_s^2 \\ \vdots & \vdots & \cdots & \vdots \\ \sigma_s^2 & \sigma_s^2 & \cdots & \sigma^2 + \sigma_s^2 \end{pmatrix} = \sigma^2 Ip + \sigma_s^2 Jp \tag{2.3}$$

이 된다. 식 (2.1)이 모수효과모형(fixed effect model)과 다른 점이 여기에 있다. 모수효과모형에서는 식 (2.3)이 단지 $\sigma^2 Ip$이 된다. 여기에서 Ip은 $p \times p$ 단위행렬이고, Jp는 모든 원소가 1인 $p \times p$ 행렬이다. 반복측정 분산분석에서는 식 (2.3)의 행렬 Σ_y가 매우 중요하며, 이와 같은 패턴의 행렬을 복합대칭행렬(compound symmetric matrix)이라고 한다.

혼합모형은 반복 측정된 자료에 대하여, 평균차이 검정보다는 선형식에 관심이 있을 때 개체 내 상관을 고려하면서 분석할 수 있는 기법으로 생각할 수 있다. 반복측정 자료의 평균차이 검정에 관해서는 3장에서 자세히 다룬다.

2.2 혼합모형 적용 사례

16명의 남자 어린이와 11명의 여자 어린이를 대상으로 8세부터 14세까지 2년마다 턱뼈의 성장 정도를 기록하였다. 나이가 들어감에 따라서 턱뼈의 성장이 어떻게 되는지 알아보기로 한다. 혼합모형 절차에 적절하도록 다음과 같이 자료를 입력하였다.

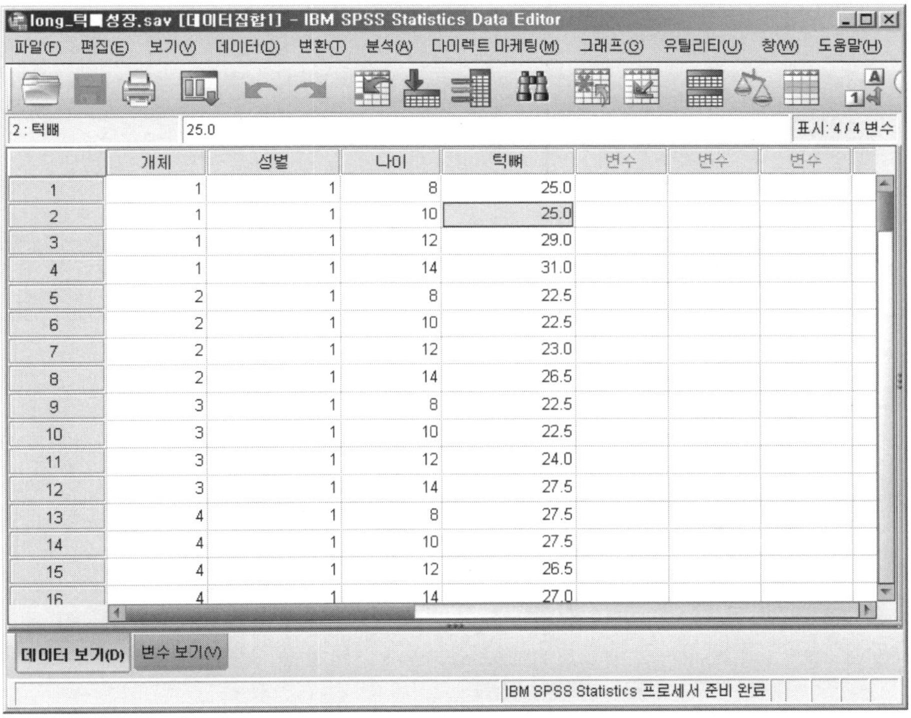

	개체	성별	나이	턱뼈
1	1	1	8	25.0
2	1	1	10	25.0
3	1	1	12	29.0
4	1	1	14	31.0
5	2	1	8	22.5
6	2	1	10	22.5
7	2	1	12	23.0
8	2	1	14	26.5
9	3	1	8	22.5
10	3	1	10	22.5
11	3	1	12	24.0
12	3	1	14	27.5
13	4	1	8	27.5
14	4	1	10	27.5
15	4	1	12	26.5
16	4	1	14	27.0

〈그림 2.2.1〉 long_턱뼈성장.sav(일부)

2.2.1 혼합모형 분석 절차

1 **혼합모형 – 선형**을 선택한다(<그림 2.2.2>).

〈그림 2.2.2〉 혼합모형 메뉴

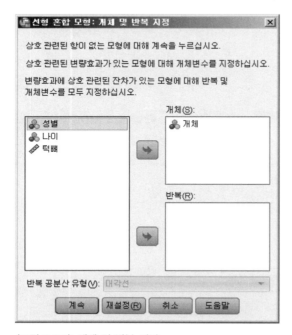

〈그림 2.2.3〉 개체 및 반복 지정

● <그림 2.2.3>은 개체 및 반복 지정을 수행하는 대화상자이다. 본 예제에서는 개체 내 관측값들이 상관이 있을 것이라 가정하고 **개체** 변수로 개체를 지정하였다. **반복** 변수는 변량효과에 상호 관련된 잔차가 있는 경우에 지정하므로 여기서는 지정하지 않았다. 지정 후 〈**계속**〉을 선택한다.

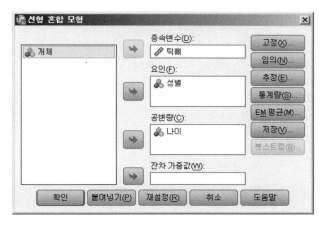

〈그림 2.2.4〉 선형혼합모형 대화상자

● <그림 2.2.4>의 선형혼합모형 대화상자에서 **종속변수**로 턱뼈, **요인**으로 성별, **공변량**으로 나이를 설정하였다. 보통 범주형 변수를 요인으로, 연속형 변수로 가정하는 경우를 공변량으로 지정한다고 생각하자. 다음으로 고정요인과 임의요인을 구분하여 지정해주는 절차가 필요하다. 고정과 임의요인을 구분하는 요령은 많은 수준 중에서 임의로 선택하여 조사를 한 것인지, 아님 처음부터 고정적으로 지정하여 조사를 한 것인지 구분하면 쉽다. 예를 들어 성별은 의심할 여지가 없이 고정이다. 나이의 경우 4세에서 20세까지에서 랜덤하게 선택하였다면 임의요인이 될 것이다. 하지만 본 예제에서 연구자는 8세, 10세, 12세, 14세로 처음부터 지정하여 조사하였으므로 고정요인으로 간주할 수 있다. 따라서 본 예제에서 성별과 나이는 고정요인으로 지정하기로 한다.

● <그림 2.2.4>에서 〈**고정**〉을 선택하면 <그림 2.2.5>의 대화상자가 나타나는데 여기서 고정요인을 지정해준다. 원래 이 자료는 성별과 나이의 교호작용이 없는 모형이므로 주효과만 선택하여 **추가**하였다. 교호작용이 유의하려면, 예를 들어 남

자는 나이에 따라 턱뼈의 성장이 느리고, 여자는 성장이 매우 빠른 경우에는 가능하겠지만 현실적으로 어려울 것이다. 확신이 서지 않는다면 직접 검정하여 확인해 보는 것이 의심을 지우는 좋은 방법이다. 주효과로 두 개의 요인을 **모형**에 보낸 후 〈**계속**〉을 선택하면 <그림 2.2.4>로 돌아온다. 이제 〈**임의**〉를 선택하기로 한다.

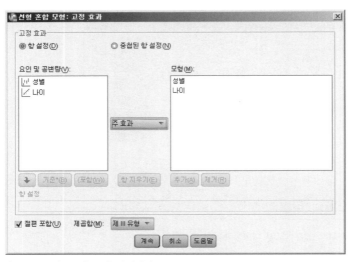

〈그림 2.2.5〉 고정 효과 대화상자

〈그림 2.2.6〉 변량효과 대화상자

• <그림 2.2.6>에서 임의 상수 모형(Random intercept model)을 적합하기 위하여 **절편포함**을 선택해준다. 이것은 절편은 변량요인으로 간주하겠다는 의미이다. 여기서 공분산 유형은 변량효과 요인이 절편만 존재하므로 선택이 무의미하다. 만일 두 개 이상이면 적절한 공분산 유형을 지정해주어야 한다.

[공분산 유형]

- **1차자기회귀**: 연이은 관측 간 상관계수는 r이고 사이에 다른 관측이 하나 끼어 있으면 r^2으로 가정한다. 분산은 일정하다.
- **복합대칭**: 관측 간 상관계수들이 모두 r로 동일하다고 가정한다.
- **분산성분**: 관측 간 상관은 0으로 가정한다. 또한 관측들의 분산은 모두 다르다고 가정한다.
- **척도법 동일**: 상관도 0, 분산은 모두 같은 구조를 가정한다.

개체 집단의 개체를 **조합**란으로 옮겨주었다. 〈계속〉을 선택하면 <그림 2.2.4>로 돌아올 것이다. 이제 〈통계량〉을 선택하기로 한다.

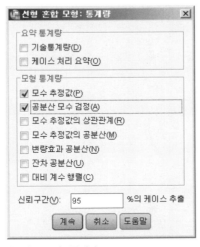

〈그림 2.2.7〉 통계량

• <그림 2.2.7>에서 필요한 통계량을 선택해준다. 보통 **모수 추정값**과 **공분산 모수 검정** 두 가지를 선택하여 출력해준다. 메뉴 중 잘 쓰이지 않는 **추정, EM 평균, 저장, 붓스트랩** 등은 생략하기로 한다. 최종적으로 〈확인〉을 선택하여 결과를 보기로 하자.

2 출력결과는 다음과 같다.

모형 차원[b]

		수준의 수	공분산 구조	모수의 수	개체 변수
고정 효과	절편	1		1	
	성별	2		1	
	나이	1		1	
변량효과	절편[a]	1	분산성분	1	개체
잔차				1	
합계		5		5	

a. 11.5 버전에서는 RANDOM 부명령문의 구문 규칙이
변경되었습니다. 명령문의 산출 결과가 이전 버전의 결과와 다를 수
있습니다. 버전 11 명령문을 사용할 경우 이에 대한 자세한 내용은
현재 명령문 참조 안내서를 참고하십시오.
b. 종속변수: 턱뼈.

〈그림 2.2.8〉 모형 차원

● <그림 2.2.8>에서는 수준과 모수의 수를 확인할 필요가 있다. 공변량으로 설정한 나이는 수준과 모수의 수가 1이 됨을 볼 수 있다. 모수의 수만큼 추정하게 되고, 앞서 메뉴에서 설정한 바에 의한다. <그림 2.2.9>의 정보 기준은 다른 모형과 비교를 위한 것으로 통계량이 모두 작은 것이 더 바람직하다고 본다.

정보 기준[a]

-2 제한 로그 우도	426.518
Akaike 정보 기준(AIC)	430.518
Hurvich & Tsai 기준(AICC)	430.636
Bozdogan 기준(CAIC)	437.826
Schwartz 베이지안 기준(BIC)	435.826

정보 기준은 가능한 작은 형태로
출력됩니다.

a. 종속변수: 턱뼈.

〈그림 2.2.9〉 정보 기준

고정 효과

제3 유형 고정 효과 검정[a]

소스	분자 df	분모 df	F	유의확률
절편	1	104.340	624.898	.000
성별	1	25	8.744	.007
나이	1	80	78.412	.000

a. 종속변수: 턱뼈.

고정 효과 추정값[b]

모수	추정값	표준오차	자유도	t	유의확률	95% 신뢰구간 하한값	95% 신뢰구간 상한값
절편	17.327609	.865521	81.045	20.020	.000	15.605508	19.049710
[성별=1]	2.278409	.770526	25	2.957	.007	.691481	3.865337
[성별=2]	0[a]	0	.	.	.	.	.
나이	.507407	.057301	80	8.855	.000	.393374	.621441

a. 이 모수는 중복되었으므로 0으로 설정됩니다.
b. 종속변수: 턱뼈.

〈그림 2.2.10〉 고정 효과

• <그림 2.2.10>은 고정 효과에 대한 것이다. 성별과 나이의 주효과는 모두 통계적으로 유의하다(유의확률 <0.01). 구체적으로 추정된 모형은 다음과 같다.

남자: 턱뼈의 크기 = 17.33+2.28+0.51×나이

여자: 턱뼈의 크기 = 17.33+0.51×나이

남자의 턱뼈가 여자보다 2.28만큼 더 성장하고 있음을 알 수 있다.

공분산 모수 추정값[a]

모수		추정값	표준오차	Wald Z	유의확률	95% 신뢰구간	
						하한값	상한값
잔차		1.773067	.280347	6.325	.000	1.300584	2.417197
절편 [개체 = 개체]	분산	3.426847	1.096875	3.124	.002	1.829952	6.417261

a. 종속변수: 턱뼈.

〈그림 2.2.11〉 공분산 모수 추정값

- <그림 2.2.11>은 변량효과의 공분산에 관련되어 절편의 분산 추정값으로 3.43으로 도출되었다.

- 결론적으로 long_턱뼈성장.sav 자료의 혼합모형 적합 결과,

  턱뼈의 크기 = 17.33+2.28×남자(1)+0.51×나이

의 선형식을 통계적으로 유의하게 도출하였다. 혼합모형은 측정 시기와 횟수가 같을 필요가 없고 공분산구조를 적합하게 선택할 수 있는 장점이 있어 유용하게 쓰는 방법이다.

연습문제   exercise

2.1   다음 자료에 대하여 혼합선형모형을 적용해보라. 여기서 개체는 변량요인이며, 처리는 고정요인으로 간주하라. 먼저 이 자료를 어떻게 변환해야 하는지부터 생각해보라.

개체	처리 1	처리 2	처리 3	처리 4
1	30	28	16	34
2	14	18	10	22
3	24	20	18	30
4	38	34	20	44
5	26	28	14	30

2.2   1장의 일반화 선형모형, 2장의 혼합선형모형, 3장의 일반선형모형의 다변량, 반복측정 분산분석모형 간의 차이점에 대하여 전반적으로 설명해보라.

3

다변량 분산분석과 반복측정분석

GLM Multivariate Analysis and
GLM Repeated Measures

Advanced IBM **SPSS**

다변량 분산분석과 반복측정 분산분석

종속변수가 2개 이상인 각 그룹들 간의 평균 차이를 검정하는 방법(다변량 분산분석)과 요인의 수준을 달리하면서 한 응답자를 여러 번 관측하여 얻은 자료를 분석하는 방법(반복측정 분산분석)을 다루기로 한다. SPSS에서는 일반선형모형 모듈에서 이러한 방법론을 적용할 수 있다.

3.1 다변량 분산분석

　　분산분석의 모형에서 관측값이 벡터로 주어질 때, 즉 종속변수가 2개 이상일 때 다변량 분산분석(Multivariate ANOVA: MANOVA)의 방법을 적용한다. 예를 들어 종속변수가 영어 점수와 수학 점수이고 분류변수가 학교계열(과학고, 외국어고, 일반고 학생)일 때 고등학교 학교계열 간에 영어 점수와 수학 점수의 차이가 있는가, 또는 종속변수가 신장과 체중이고 분류변수가 국적(한국인, 일본인, 중국인)일 때 국적 간에 신장과 체중의 차이가 있는가를 알고자 하는 경우이다. 이때 영어 점수와 수학 점수 또는 신장과 체중은 서로 무관하지 않고 관련이 있을 것이라고 여겨진다.

　　이처럼 2개 이상의 종속변수들이 상호 의존성을 지니고 있을 때 다변량 분산분석을 수행한다. 그러나 $m(\geqq 2)$개의 종속변수들이 서로 독립적이라면 굳이 다변량 분산분석을 할 필요가 없이 일변량 분산분석을 m번 하면 된다. 따라서 다변량 분산분석에 앞서 종속변수 간에 상관분석이 선행되면 더 효과적이다. 굳이 종속변수 간에 상관관계가 없는데 복잡하게 보이는 다변량 분석을 할 필요는 없다.

3.1.1 다변량 분산분석 이론

　　m개의 종속변수와 p개의 분류변수의 자료는 다음과 같은 벡터의 형태로 표시된다.

$$\underline{Y}=\begin{pmatrix} Y_1 \\ Y_2 \\ \vdots \\ Y_m \end{pmatrix}, \quad \underline{X}=\begin{pmatrix} X_1 \\ X_2 \\ \vdots \\ X_p \end{pmatrix} \sim \underline{\mu}=\begin{pmatrix} \mu_1 \\ \mu_2 \\ \vdots \\ \mu_p \end{pmatrix}, \sum=\begin{pmatrix} \sigma_{11} & \sigma_{12} & \cdots & \sigma_{1p} \\ & \sigma_{22} & & \sigma_{2p} \\ & & \ddots & \\ sym & & & \sigma_{pp} \end{pmatrix}$$

　　다변량 분산분석의 모형은 다음과 같다.

$$\underline{Y} = \underline{\mu} + \underline{\alpha}_i + \underline{\epsilon}, \quad i = 1, \cdots, m$$

여기서 $\underline{\mu} = \underline{\mu}_i - \underline{\alpha}_i$ 이다. 분류변수 $\underline{X}$는 평균벡터가 $\underline{\mu}$ 이고, 분산공분산행렬
이 Σ인 다변량 정규분포를 따른다. 이때 여러 모집단 간의 평균비교를 하고자
한다. 만일 두 개의 종속변수로 이루어진 다변량 확률변수라면 귀무가설은 아
래와 같다.

$$H_0 \ : \ \begin{pmatrix} \mu_1^1 \\ \mu_2^1 \end{pmatrix} = \begin{pmatrix} \mu_1^2 \\ \mu_2^2 \end{pmatrix} = \cdots = \begin{pmatrix} \mu_1^k \\ \mu_2^k \end{pmatrix}$$

일변량 분산분석에서 제곱합에 해당되는 다변량의 개념은 제곱 및 교차곱의
합(SS&CP)이라 하며 이들은 행렬로 나타낸다. 다변량 일원배치모형의 경우 제곱
및 교차곱의 합은 다음과 같이 분해된다.

잔차의 분해: $(y_{ij} - \overline{y_{..}}) = (y_{ij} - \overline{y_{i.}}) + (\overline{y_{i.}} - \overline{y_{..}})$

SS&CP: $SSCP_{total} = SSCP_{error} + SSCP_{trt}$

일변량 분산분석에서 F에 대응되는 개념은 행렬 $E^{-1}H$ ($E = SSCP_{error}$,
$H = SSCP_{trt}$)이며 이 행렬의 크기를 나타내는 통계량은 다음과 같은 것이 있다.
여기서 λ_i 는 $E^{-1}H$의 고유값이다. H_0 하에서 네 가지 통계량은 모두 근사적으
로 F분포에 따르며 이를 이용하여 주효과에 대한 유의성 검정을 할 수 있다.

- Wilks의 람다: $\Lambda = \prod_{i=1}^{k} (1 + \lambda_i)^{-1}$ = 그룹 내 분산 / 총분산

- Pillai의 트레이스: $\sum_{i=1}^{k} \lambda_i / (1 + \lambda_i)$

- Hotelling의 트레이스: $\sum_{i=1}^{k} \lambda_i$

- Roy의 최대근: $\max(\lambda_i)$

이 중에서 많이 알려진 것은 Wilks의 람다이다.

3.1.2 다변량 분산분석 예제

건강에 관심 있는 사람들은 소금을 조금 넣은 저칼로리 핫도그를 좋아할 것이다. 한 연구소에서 54개의 유명한 핫도그 브랜드들이 포함하고 있는 칼로리(calories)와 소듐(sodium)에 대한 자료를 조사하여 세 가지 형태(beef, poultry, meat)로 구분하였다. 핫도그의 형태에 따라 칼로리와 소듐 양의 평균에 차이가 있는지를 살펴보고자 한다. 자료는 다음과 같다.

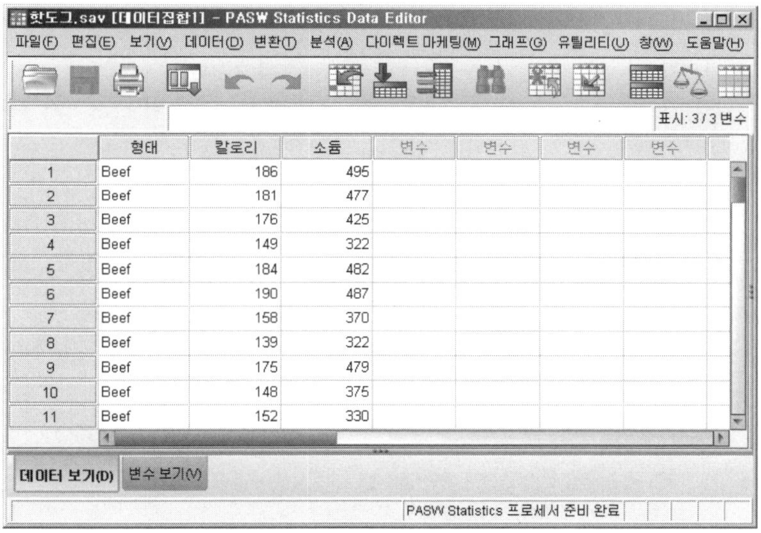

〈그림 3.1.1〉 핫도그.sav(일부)

1 다변량 분산분석의 수행 절차는 다음과 같다.

분석 – 일반선형모형 – 다변량 절차(<그림 3.1.2>)를 수행하면 <그림 3.1.3>의 다변량 분석 대화상자가 나타난다.

〈그림 3.1.2〉 다변량 분산분석 메뉴

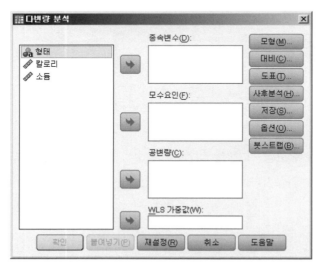

〈그림 3.1.3〉 다변량 분석 대화상자

● **종속변수**에 칼로리와 소듐 변수를 지정하고 **모수요인**으로 형태 변수를 지정한
다. 여기서 모수요인은 범주형 변수를 의미한다. 참고로 **공변량**에는 연속형 통
제변수를 지정하며, 공분산분석에서와 동일하게 적용 가능하다. 먼저 **〈모형〉** 버
튼을 선택해보자(〈그림 3.1.4〉).

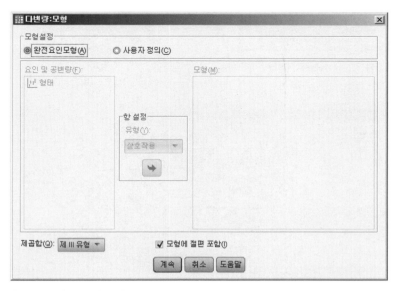

〈그림 3.1.4〉 다변량: 모형

- **완전요인모형:** 모든 요인과 공변량의 주효과, 모든 요인 간의 교호작용을 구한다. 단,
  공변량 간의 교호작용은 제외된다.
- **사용자 정의:** 사용자가 모형을 정의할 수 있도록 한다. 모형에 포함시키려는 항을 선
  택하여 오른쪽 모형란에 추가해주면 가능하다.
- **제곱합:** 제1유형부터 제4유형을 선택할 수 있으나 통상 디폴트인 제3유형이 제일 많
  이 쓰인다.

● 이 예제에서는 요인이 하나이므로 주효과 하나로 설명이 가능하여 모형 대화
창은 디폴트대로 두기로 한다. 다음은 **〈대비〉** 버튼을 살펴본다(〈그림 3.1.5〉). 대
비에서는 요인의 각 수준별 비교, 수준과 전체의 비교, 신뢰구간 계산이 가능하
다. 선형변환의 여러 가지 방법(편차, 단순, …)을 통하여 종속변수의 값을 추정하
고 수준을 지정하여 가설 검정한다. 이 예제에서는 대비의 지정은 생략하기로
한다.

〈그림 3.1.5〉 다변량: 대비

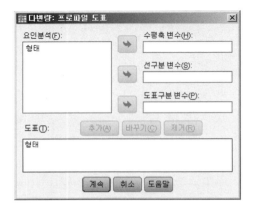

〈그림 3.1.6〉 다변량: 도표

• 〈**도표**〉는 수준이 2개 이상일 때 교호작용을 알아보기 위한 좋은 도구이다. 보통 요인 하나를 수평축 변수에, 다른 요인은 선구분 변수에 보내고 〈**추가**〉 버튼을 누르면 원하는 그림을 얻을 수 있다. 여기에서는 **형태** 변수에 따라 종속변수의 값이 어떻게 되는지를 도표로 보기 위해 수평축 변수로 보냈다가 〈**추가**〉를 눌러 <그림 3.1.6>처럼 지정해 주었다. **사후분석, 저장, 옵션, 붓스트랩** 버튼은 분산분석과 회귀분석 메뉴와 동일하게 사용하므로 여기에서는 설명을 생략하기로 한다.

2　출력결과는 다음과 같다.

다변량 검정[c]

효과		값	F	가설 자유도	오차 자유도	유의확률
절편	Pillai의 트레이스	.977	1040.155[a]	2.000	50.000	.000
	Wilks의 람다	.023	1040.155[a]	2.000	50.000	.000
	Hotelling의 트레이스	41.606	1040.155[a]	2.000	50.000	.000
	Roy의 최대근	41.606	1040.155[a]	2.000	50.000	.000
형태	Pillai의 트레이스	.778	16.248	4.000	102.000	.000
	Wilks의 람다	.242	25.835[a]	4.000	100.000	.000
	Hotelling의 트레이스	3.051	37.374	4.000	98.000	.000
	Roy의 최대근	3.023	77.093[b]	2.000	51.000	.000

a. 정확한 통계량
b. 해당 유의수준에서 하한값을 발생하는 통계량은 F에서 상한값입니다.
c. Design: 절편 + 형태

〈그림 3.1.7〉 다변량 검정 결과

● 세 가지 형태(beef, poultry, meat)에 따라 평균벡터(칼로리와 소듐)가 차이 있는지
를 살펴보기 위하여 형태 변수의 F값과 유의확률을 본다.

4개의 통계량에 의해 산출한 유의확률은 모두 신뢰수준을 99%로 하더라도
유의하다(p=0.000<0.01). 즉 평균벡터는 세 가지 형태에 따라 차이가 있다.

개체-간 효과 검정

소스	종속 변수	제 III 유형 제곱합	자유도	평균 제곱	F	유의확률
수정 모형	칼로리	17692.195[a]	2	8846.098	16.074	.000
	소듐	50279.804[b]	2	25139.902	4.213	.020
절편	칼로리	1125187.490	1	1125187.490	2044.546	.000
	소듐	9869757.338	1	9869757.338	1653.846	.000
형태	칼로리	17692.195	2	8846.098	16.074	.000
	소듐	50279.804	2	25139.902	4.213	.020
오차	칼로리	28067.138	51	550.336		
	소듐	304355.844	51	5967.762		
합계	칼로리	1188080.000	54			
	소듐	10185889.00	54			
수정 합계	칼로리	45759.333	53			
	소듐	354635.648	53			

a. R 제곱 = .387 (수정된 R 제곱 = .363)
b. R 제곱 = .142 (수정된 R 제곱 = .108)

〈그림 3.1.8〉 개체-간 효과 검정

● 종속변수별로 분해하여 유의한지 알아 본 결과이다. 형태의 결과를 해석하면, 각 종속변수별로 신뢰수준 95%에서 세 가지 형태에 차이가 있다(칼로리: p=0.000<0.05, 소듐: p=0.02<0.05)는 것을 알 수 있다.

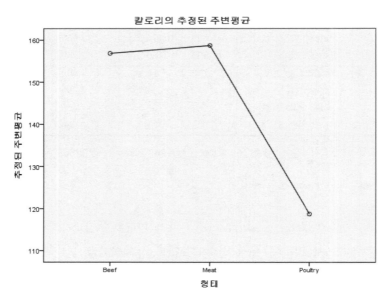

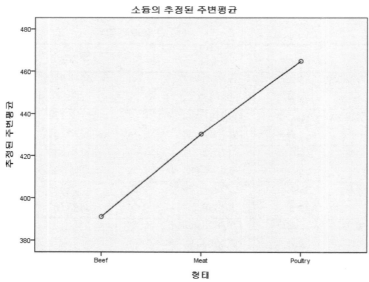

〈그림 3.1.9〉 다변량 프로파일 도표

● 칼로리 변수는 beef와 meat에서 높고 poultry에서 낮은 반면, 소듐에서는 beef, meat, poultry 순서로 높음을 알 수 있다. 사후분석을 수행하면 종속변수별로 각각 출력되어 분산분석의 결과와 동일하다. 독립변수가 2개인 경우에는 교호작용의 효과 등을 도표로 확인할 수 있다. 참고로 종속변수 간의 피어슨 상관계수는 0.37(p=0.006)이다.

3.2 반복측정 분산분석

의약학, 심리학, 행동과학 분야의 실험에서는 같은 대상에 대하여 실험 조건을 달리하거나 또는 여러 개의 다른 시점에서 반복적으로 값을 측정하는 경우가 많은데 이와 같은 실험으로부터 얻은 자료를 반복측정 자료라 한다. 보통 분산분석은 실험 단위가 동질적이지 않기 때문에 실험오차가 커지게 되고 검정력의 약화를 초래할 소지가 있다. 반복측정 분산분석은 시간에 따라 여러 번 측정함으로써 실험 단위의 내재하는 본래의 차이를 조절하는 방법이다.

반복측정 실험 설계를 위해서 일반적으로 고려할 사항은 다음과 같다.

● **이월효과**(carry-over effect): 한 처리 효과가 사라지기 전에 다음 처리를 하게 되면 기존의 영향력이 나타난다. 따라서 시행 간격을 충분히 크게 해야 한다.

● **잠재효과**(latent effect): 어떤 처리를 할 당시에는 나타나지 않았던 효과가 다음 처리에 나타난다.

● **학습효과**(learning effect): 처리나 실험을 반복함으로써 효과가 나타난다.

반복측정 실험에서는 자료들 간에 상관이 존재함을 가정해야 한다. 즉 구형성(shpericity) 가정이 만족되어야 한다. 구형성은 복합대칭성과 등분산을 동시에 만족한다는 것인데, 여기서 복합대칭성은 각 처리쌍 간에 상관이 동일함을 의미한다. 구형성 가정을 만족하는 경우에는 일변량 분석으로써 결과 해석이 가능하지만, 만족하지 않는 경우에는 구형성 가정을 하지 않는 다변량 분석방법을 이용한다.

3.2.1 반복측정 분산분석 이론

반복요인이 하나인 2요인 반복측정 자료는 요인 A의 수 a, 반복요인 B의 수 b, 개체수 n인 경우는 <표 3.1>과 같다.

〈표 3.1〉 반복측정 자료 형태

요인 A	개체	반복요인 B(시점)			
		1	2	⋯	b
1	1	y_{111}	y_{121}	⋯	y_{1b1}
	2	y_{112}	y_{122}	⋯	y_{1b2}
	⋮	⋮	⋮		⋮
	n	y_{11n}	y_{12n}	⋯	y_{1bn}
⋮	⋮	⋮	⋮		⋮
a	1	y_{a11}	y_{a21}	⋯	y_{ab1}
	2	y_{a12}	y_{a22}	⋯	y_{ab2}
	⋮	⋮	⋮		⋮
	n	y_{a1n}	y_{a2n}	⋯	y_{abn}

서로 다른 개체들 간의 실험값의 차이를 '개체 간 변동(between subject variation)'이라 하고, 같은 개체 내에서 처리 간의 값의 차이를 '개체 내 변동(within subject variation)'이라 한다. 이들 변동으로부터 다음과 같은 가설을 검정하는 것이 반복측정 분산분석의 목적이다.

- 측정 결과가 어떠한 실험 수준에 따라 효과가 있는가?(개체 간)
- 측정 결과는 관찰 시점에 따라 차이가 있는가?(개체 내)
- 실험 수준과 관찰 시점에 따른 교호작용이 있는가?

F검정을 위해 구형성 가정을 만족하는지 보아야 하는데, SPSS에서는 Mauchly 의 W, Greenhouse−Geisser와 Huynh−Feldt의 epsilon 결과를 제시한다. 이 값들은 공분산행렬이 구형성에서 벗어나는 정도를 숫자로 표현하였으며 0과 1 사이의 값을 취한다. 1을 넘는 경우는 1로 간주하며, 0에 가까울수록 구형성의 가정에 위배되며 1에 가까울수록 구형성의 가정을 만족한다. 실제로 이용하기 위해서 는 Greenhouse−Geissser와 Huynh−Feldt의 epsilon 값을 이용해 자유도를 수정 F 검정한 p−값을 살펴보면 가능하다. <표 3.1>의 자료가 구형성의 가정을 만족 하면 분산분석표는 <표 3.2>와 같다.

〈표 3.2〉 반복측정 분산분석표

변동요인		자유도	제곱합	평균제곱합	F값
개체 간	A	a−1	SSA	MSA	MSA/MS(A)
	개체	a(n−1)	SS(A)	MS(A)	
개체 내	B	b−1	SSB	MSB	MSB/MSE
	AB	(a−1)(b−1)	SSAB	MSAB	MSAB/MSE
	오차	a(b−1)(n−1)	SSE	MSE	
Total		abn−1	SST		

3.2.2 반복측정 분산분석 예제

비타민의 투여량에 따라 실험쥐의 몸무게 변화에 차이가 있는가를 살펴보기 위해 3집단으로 나누어, 집단 1에는 투여하지 않고(통제집단) 집단 2에는 소량, 집단 3에는 다량을 투여한 후 1주 간격으로 몸무게(g)를 측정하였다.

〈표 3.3〉 비타민 자료

개체	집단	시간			
		투여 전	1주 후	2주 후	3주 후
1	1	510	504	436	466
2	1	610	596	542	587
3	1	580	597	582	619
4	1	594	583	611	612
5	1	550	528	562	576
6	2	565	524	552	597
7	2	536	484	567	569
8	2	569	585	576	677
9	2	610	637	671	702
10	2	591	605	649	675
11	3	622	622	632	670
12	3	589	557	568	609
13	3	568	555	576	605
14	3	580	601	633	649
15	3	540	524	532	583

위 자료를 분석하기 위하여 입력한 결과는 <그림 3.2.1>과 같다.

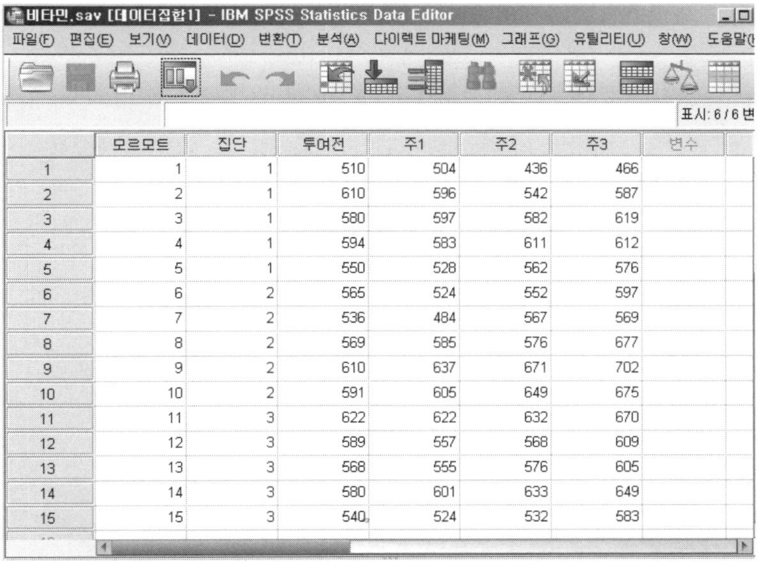

〈그림 3.2.1〉 비타민.sav

● 요인이 집단과 시간으로 2개이고 반복이 있는 이원배치법을 생각할 수도 있으나, 반복 측정된 데이터가 서로 독립이 아니므로 이원배치법의 가정에서 벗어난다. 이 예제에서 주 관심사항은 시간＊집단 간에 교호작용 효과가 있느냐를 살펴보는 것이다. 만약 교호작용이 존재하지 않는다면 집단을 나타내는 선들이 1주 간격으로 평행할 것이고, 존재한다면 선들이 서로 교차할 것이다. 따라서 데이터를 분석할 때, 시간이 지남에 따라 집단별 자료의 변화 양상을 살펴보기 위한 측면도(profile plot)를 그려볼 필요가 있다.

1 반복측정 분산분석의 수행 절차는 다음과 같다.

분석 – 일반선형모형 – 반복측정 절차(〈그림 3.2.2〉)를 수행하면 다변량 분석 대화상자(〈그림 3.2.3〉)가 나타난다.

〈그림 3.2.2〉 반복측정 분산분석 절차

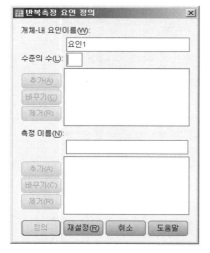

〈그림 3.2.3〉 반복측정 요인 정의

〈그림 3.2.4〉 반복측정 요인 정의 1

● 먼저 개체-내 요인 이름을 지우고 '시간'으로 수정한 다음, 수준의 수에 반복
측정 횟수 기록(예에서는 4)을 추가하고(〈그림 3.2.4〉) 〈정의〉 버튼을 누른다. 〈그

림 3.2.4>의 측정 이름은 단순히 이름만을 보조하여 해석을 도와주는 역할을 하므로 분석 자체에는 영향을 주지 않아 생략하였다. <그림 3.2.5>의 대화상자가 나오면 <그림 3.2.6>처럼 만들어주기 위하여 집단을 개체-간 요인 창으로 이동하고 투여전, 주1, 주2, 주3을 한꺼번에 선택하여 개체-내 변수 창으로 이동한다.

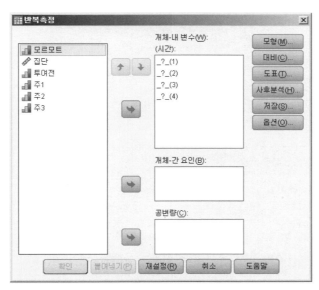

〈그림 3.2.5〉 반복측정 요인 정의 2

〈그림 3.2.6〉 반복측정 요인 정의 3

• 〈**모형**〉과 〈**대비**〉 버튼은 초기 설정을 유지하기로 하고 〈**도표**〉 버튼을 선택하여 <그림 3.2.7>과 같이 설정해준다. 시간을 수평축 변수로, 집단을 선구분 변수로 보내고 〈**추가**〉를 선택하였다.

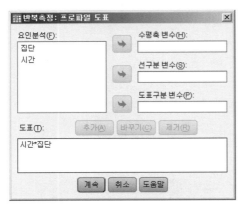

〈그림 3.2.7〉 프로파일 도표

• 〈**계속**〉 버튼을 누르고 〈**확인**〉 버튼을 눌러준다. 다른 메뉴는 일변량이나 다변량 메뉴의 대화상자와 유사하므로 여기서는 생략하기로 한다.

2 출력결과는 다음과 같다.

다변량 검정[c]

효과		값	F	가설 자유도	오차 자유도	유의확률
시간	Pillai의 트레이스	.901	30.468[a]	3.000	10.000	.000
	Wilks의 람다	.099	30.468[a]	3.000	10.000	.000
	Hotelling의 트레이스	9.140	30.468[a]	3.000	10.000	.000
	Roy의 최대근	9.140	30.468[a]	3.000	10.000	.000
시간 * 집단	Pillai의 트레이스	.700	1.974	6.000	22.000	.113
	Wilks의 람다	.300	2.748[a]	6.000	20.000	.041
	Hotelling의 트레이스	2.328	3.492	6.000	18.000	.018
	Roy의 최대근	2.328	8.536[b]	3.000	11.000	.003

a. 정확한 통계량
b. 해당 유의수준에서 하한값을 발생하는 통계량은 F에서 상한값입니다.
c. Design: 절편 + 집단
   개체-내 계획: 시간

〈그림 3.2.8〉 다변량 검정 결과

• 다변량 검정 결과 개체-내 효과인 시간의 Wilks 람다의 F값과 유의확률을 보

면(F=30.468, p=0.000<0.05) 통계적으로 유의하다. 시간과 집단의 교호작용 효과 또한 신뢰수준 95%에서 유의하다(p=0.041<0.05).

Mauchly의 구형성 검정[b]

측도:MEASURE_1

개체-내 효과	Mauchly의 W	근사 카이제곱	자유도	유의확률	엡실런[a]		
					Greenhouse-Geisser	Huynh-Feldt	하한값
시간	.540	6.602	5	.254	.756	1.000	.333

정규화된 변형 종속변수의 오차 공분산행렬이 단위행렬에 비례하는 영가설을 검정합니다.

a. 유의성 평균검정의 자유도를 조절할 때 사용할 수 있습니다. 수정된 검정은 개체내 효과검정 표에 나타납니다.
b. Design: 절편 + 집단
　개체-내 계획: 시간

〈그림 3.2.9〉 구형성 검정

● Mauchly의 W나 엡실런 값이 0에 가까울수록 구형성 가정에 위배되며 1에 가까울수록 구형성의 가정을 만족한다. 실제로는 유의확률을 보고 구형성을 만족하는지 판단하는데 여기서는 p=0.254>0.05이므로 구형성 가정을 따른다고 판단한다. 구형성 가정이 만족되므로 일변량 분석기법을 이용하기로 한다.

개체-내 효과 검정

측도:MEASURE_1

소스		제 III 유형 제곱합	자유도	평균 제곱	F	유의확률
시간	구형성 가정	18842.450	3	6280.817	15.032	.000
	Greenhouse-Geisser	18842.450	2.268	8309.719	15.032	.000
	Huynh-Feldt	18842.450	3.000	6280.817	15.032	.000
	하한값	18842.450	1.000	18842.450	15.032	.002
시간*집단	구형성 가정	9090.800	6	1515.133	3.626	.006
	Greenhouse-Geisser	9090.800	4.535	2004.569	3.626	.014
	Huynh-Feldt	9090.800	6.000	1515.133	3.626	.006
	하한값	9090.800	2.000	4545.400	3.626	.059
오차(시간)	구형성 가정	15041.500	36	417.819		
	Greenhouse-Geisser	15041.500	27.210	552.788		
	Huynh-Feldt	15041.500	36.000	417.819		
	하한값	15041.500	12.000	1253.458		

〈그림 3.2.10〉 개체-내 효과 검정

● 구형성을 가정한 개체-내 효과 검정으로 그 결과는 모두 유의한 것으로 나타났다. 다변량 검정 결과와 유사하다. 즉, 반복측정 시점에 따라 4회의 몸무게 평

균의 차이는 유의함(집단 구분 없이)을 의미한다. 시간 * 집단 교호작용의 유의확
률도 0.006이므로 몸무게 변화 양상도 집단별로 다르다고 판정한다. 비타민의
투여량이 몸무게 변화에 영향을 미친다고 판정할 수 있다.

개체-내 대비 검정

측도:MEASURE_1

소스	시간	제 III 유형 제곱합	자유도	평균 제곱	F	유의확률
시간	선형모형	12454.963	1	12454.963	23.064	.000
	2차모형	6386.017	1	6386.017	27.393	.000
	3차모형	1.470	1	1.470	.003	.957
시간*집단	선형모형	7980.507	2	3990.253	7.389	.008
	2차모형	157.733	2	78.867	.338	.720
	3차모형	952.560	2	476.280	.992	.399
오차(시간)	선형모형	6480.180	12	540.015		
	2차모형	2797.500	12	233.125		
	3차모형	5763.820	12	480.318		

〈그림 3.2.11〉 개체-내 대비 검정

● 개체 내 대비 검정에서 몸무게의 추세가 선형인지 2차모형인지 3차모형인지
를 검정해준다. 시간의 경우 선형모형과 2차모형에 가깝다.

개체-간 효과 검정

측도:MEASURE_1
변환된 변수:평균

소스	제 III 유형 제곱합	자유도	평균 제곱	F	유의확률
절편	20417833.35	1	20417833.35	2518.293	.000
집단	13753.200	2	6876.600	.848	.452
오차	97293.700	12	8107.808		

〈그림 3.2.12〉 개체-간 효과 검정

● 개체-간 효과에서 집단은 유의하지 않다(p=0.452). 즉, 세 집단 간 몸무게 차
이는 없다는 뜻이다. 여기서의 결과는 비록 반복 측정하였더라도 추정된 평균
으로 분산분석을 수행한 결과임을 알아두기 바란다.

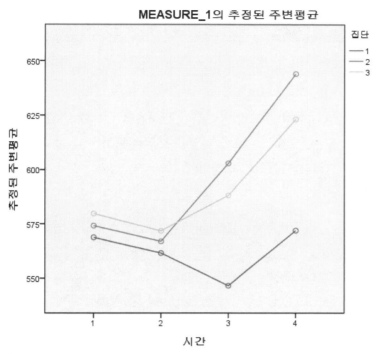

〈그림 3.2.13〉 프로파일 도표

- 프로파일 도표에서 시간이 지남에 따라 세 집단의 몸무게 변화 양상이 서로 다름을 알 수 있다. 즉, 집단과 시간의 교호작용이 존재한다고 보인다. 만일 이 자료를 이원배치법으로 분석하면 다음과 같은 결과가 출력된다.

요인	제곱합	자유도	평균제곱	F	유의확률
시간	19428.912	4	4857.228	2.033	.105
집단	13700.300	2	6850.150	2.867	.067
시간 * 집단	8724.895	6	1454.149	.609	.722
오차	112301.400	47	2389.391		
수정 합계	154021.650	59			

- 이는 반복측정 분산분석의 결과와 상이하다. 시간에 따른 4회의 몸무게 평균은 차이가 없다. 세 집단 간 몸무게 차이도 유의하지 않다. 시간 * 집단의 교호 작용도 유의하지 않다. 시간에 따른 측정을 무시한 결과로 주의할 필요가 있다.

연습문제 exercise

3.1   네 가지 약의 효과를 비교하기 위하여 반복측정 설계를 하였다. 피실험자는 5
명이고 주어진 관측값은 필요한 과업을 모두 수행하는 데 걸린 시간이다. 시점
간에 약의 효과가 다른지를 검정하라.

사람	약			
	1	2	3	4
1	30	28	16	34
2	14	18	10	22
3	24	20	18	30
4	38	34	20	44
5	26	28	14	30

3.2   딱정벌레류인 Chaetocnema는 세 가지의 종[concinna(Con), heikertingeri(Hei),
heptapotamica(Hep)]이 있다. 각 딱정벌레의 너비와 각을 측정하여 딱정벌레의
세 가지 종을 구분하는 데 연구하고자 한다. 너비와 각의 평균벡터가 종별로 다
른지 검정하라(beetles.sav).

너비	각	종
150	15	Con
147	13	Con
144	14	Con
⋮		

3.3 거북이 등(carapace)의 특징을 나타내기 위하여 거북이의 길이, 폭, 높이를 관측하였다. 성별에 따라 평균벡터(길이, 폭, 높이)가 차이가 있는지를 검정하라(turtle.sav).

f	98	81	38
f	109	88	44
f	122	02	51
f	138	98	51
f	149	07	55
f	158	15	62
m	93	74	37
m	102	85	38
m	107	82	38
m	116	90	41
m	120	89	40
m	127	96	45
⋮			

3.4 16명의 남자 어린이와 11명의 여자 어린이를 대상으로 8세부터 14세까지 2년마다 한 번씩 턱뼈의 성장 정도를 기록하였다. 성별 간에 성장의 차이가 있는지를 검정하라. 또 교호작용이 있는지 알아보라(턱뼈성장.sav).

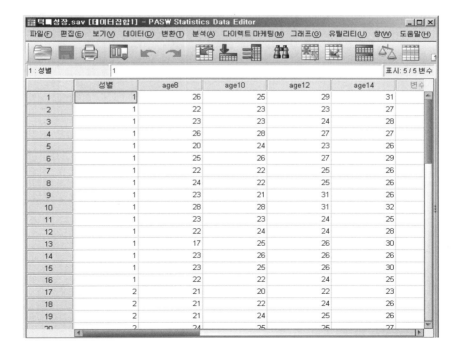

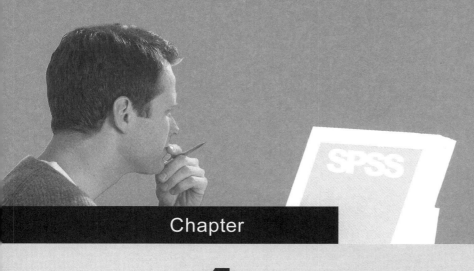

4

다항 로지스틱 회귀분석 및 프로빗 분석

Multinomial Logistic Regression &
Probit Analysis

Advanced IBM **SPSS**

다항 로지스틱 회귀분석 및 프로빗 분석

로지스틱 회귀모형은 반응변수가 0, 1과 같은 가변수인 경우에 이용되는 모형으로서, 특히 독립변수들이 다변량 정규분포를 따르지 않는 경우에 판별분석에 유용하게 이용되는 모형이다. 이 장에서는 먼저 이분형 로지스틱 회귀분석[1]에 대하여 간단히 소개하고, 반응이 여러 개인 다항 로지스틱의 정의와 활용 방법을 공부하도록 한다. 또한 두 가지 반응을 보이는 실험에서 케이스의 반응비율 간의 관계를 밝힐 때에 이용되는 프로빗 분석에 대해서도 공부하도록 한다.

---

1) 이분형 로지스틱 회귀분석에 대한 SPSS 활용은 박성현, 조신섭, 김성수 공저, ≪SPSS 17.0 이해와 활용≫ (서울: 한나래아카데미, 2009)을 참조하기 바란다.

4.1 다항 로지스틱 회귀분석

4.1.1 로지스틱 회귀모형이란?

종속변수가 0, 1만의 값을 갖는 가변수(dummy variable)인 경우에 y의 기대값을 나타내는 반응함수의 모양이 <그림 4.1.1>과 같이 S형 곡선을 그리는 경우가 실제로 많이 나타난다. 이 반응함수는 x가 증가함에 따라 $E(y)$의 값이 1로 서서히 수렴하는 양상을 보인다. 이와 같은 함수를 로지스틱 함수(logistic function) 라 부르고, $z = \beta_0 + \beta_1 x$ 라 놓을 때

$$E(y) = \frac{\exp(z)}{1 + \exp(z)} \text{ 또는 } \frac{1}{1 + \exp(-z)} \tag{4.1}$$

으로 표현된다. 이 값은 어떤 사건이 일어날 확률로 해석될 수 있다.

로지스틱 회귀분석(logistic regression)이란 단지 두 개의 값만을 가지는 종속변수(예를 들면 주택유무, 보험가입 여부 등)와 독립변수들 간의 인과관계를 로지스틱 함수로 추정하는 통계기법이다.

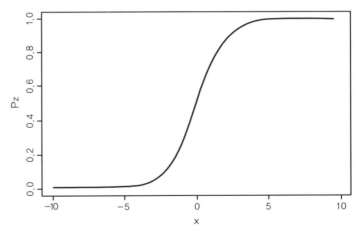

〈그림 4.1.1〉 로지스틱 함수

식 (4.1)의 로지스틱 반응함수는 β_0 와 β_1 에 대하여 비선형함수이나 이를 선

형으로 변환시킬 수 있다. 기대반응 $E(y)$는 확률을 의미하므로

$$E(y) = p_x$$

로 놓자. 그러면 다음의 변환

$$\ln\left(\frac{p_x}{1-p_x}\right) = z = \beta_0 + \beta_1 x$$

을 통하여 선형화된다. 이와 같은 변환을 로지스틱 변환(logistic transformation)이라고 부른다. 이 식에서 좌변의 $p_x/(1-p_x)$를 오즈(odds), 즉

$$오즈 = \frac{p_x}{1-p_x}$$

라 한다. 오즈는 확률과 관련된 의미이다. 예를 들어 스포츠게임에서 한 팀이 다른 팀을 이길 오즈가 4라는 말은 이길 확률이 4배라는 의미로서, 이길 확률은 $p = 4/(1+4) = 0.8$이 된다. 즉, $0.8/(1-0.8) = 4$임을 알 수 있다.

독립변수의 수가 두 개 이상인 경우에도 로지스틱 회귀모형이 가능하다. 이 경우에는

$$z = \beta_0 + \beta_1 x_1 + \beta_2 x_2 + \cdots + \beta_p x_p$$

로 나타내고, 로짓모형은

$$\ln\left(\frac{p_x}{1-p_x}\right) = \beta_0 + \beta_1 x_1 + \beta_2 x_2 + \cdots + \beta_p x_p$$

이 된다.

4.1.2　다항 로지스틱 회귀모형

　　로지스틱 회귀모형은 앞 절에서 공부한 바와 같이 반응변수가 두 가지 값을 취하는 경우에 이용되는 모형이다. 그럼 반응변수가 세 가지 이상의 범주형 값을 갖는 경우는 어떻게 모형을 확장할 수 있을 것인가. 이와 같이 반응변수가 세 범주 이상의 값을 갖는 경우에는 이항 로지스틱 회귀모형의 확장을 통하여 분석이 가능하다.

　　반응변수가 두 가지 범주를 갖는 경우의 로짓모형은

$$\log\left(\frac{p}{1-p}\right) = b_0 + b_1 x_1 + b_2 x_2 + \cdots + b_p x_p$$

과 같이 쓸 수 있다. 여기서 반응변수의 범주가 J개인 경우($Y=1,2,\cdots,J$), 일반화 로짓모형은 J번째 범주를 기준으로 하여 다음과 같이 표현된다[2].

$$\log\left(\frac{p(Y=i)}{p(Y=J)}\right) = b_{i0} + b_{i1}x_1 + b_{i2}x_2 + \cdots + b_{ip}x_p, \quad i = 1,2,\cdots,J \qquad (4.2)$$

　　이와 같은 모형은 기준 범주 로짓모형(baseline category logit)이라고 한다. 예를 들어 범주가 3개인 경우에는

$$\log\left(\frac{p(Y=1)}{p(Y=3)}\right) = b_{10} + b_{11}x_1 + b_{12}x_2 + \cdots + b_{1p}x_p$$

$$\log\left(\frac{p(Y=2)}{p(Y=3)}\right) = b_{20} + b_{21}x_1 + b_{22}x_2 + \cdots + b_{2p}x_p$$

으로 쓸 수 있다. 이와 같은 기준 범주 로짓모형을 이용하면

$$\log\left(\frac{p(Y=1)}{p(Y=2)}\right) = \log\left(\frac{p(Y=1)}{p(Y=3)}\right) - \log\left(\frac{p(Y=2)}{p(Y=3)}\right)$$

을 이용하여 구할 수 있게 된다.

---

2) 반응변수가 순서형인 경우는 Agresti. A, *Categorical data analysis*(New York: John Wiley and Sons, 1990)를 참조하기 바란다.

4.2 다항 로지스틱 회귀분석 절차

SPSS에서 제공하고 있는 미국 선거자료(voter.sav)를 예를 들어 설명하기로 한다. 이 자료는 1996년 서베이조사에서 1992년도에 부시, 페롯, 클링턴 중 누구에게 투표를 했는지를 물어본 자료로서 독립변수로는 나이, 나이대, 교육 기간, 학력, 성별 등을 물어본 자료이다. 각 범주내역은 다음과 같다.

대선92: 1=부시, 2=페롯, 3=클링턴
나이대: 1=35세 미만, 2=35~44세, 3=45~64세, 4=65세 이상
학력: 0=고등학교 미만, 1=고등학교, 2=전문대, 3=대학교, 4=대학원
성별: 1=남자, 2=여자

*voter.sav [데이터집합1] - IBM SPSS Statistics Data Editor

파일(F) 편집(E) 보기(V) 데이터(D) 변환(T) 분석(A) 다이렉트 마케팅(M) 그래프(G) 유틸리티(U) 창(W) 도움말(H)

표시: 6 / 6 변수

	대선92	나이	나이대	피교육	학력	성별	변수	변
1	3	79	4	12	1	1		
2	3	32	1	17	3	1		
3	3	50	3	6	0	2		
4	3	56	3	8	0	2		
5	3	51	3	17	3	2		
6	3	48	3	12	1	1		
7	3	29	1	13	1	2		
8	3	40	2	13	1	2		
9	3	46	3	13	1	2		
10	3	37	2	19	4	2		
11	3	43	2	16	4	2		
12	3	45	3	16	3	2		
13	3	53	3	16	3	2		

데이터 보기(D) 변수 보기(V)

IBM SPSS Statistics 프로세서 준비 완료

〈그림 4.2.1〉 voter.sav

1 먼저 **분석 – 기술통계량 – 교차분석** 절차를 이용한 성별과 후보자 간 분할표는 다음과 같다.

케이스 처리 요약

	케이스					
	유효		결측		전체	
	N	퍼센트	N	퍼센트	N	퍼센트
성별 * 92년 대선후보	1847	100.0%	0	.0%	1847	100.0%

성별 * 92년 대선후보 교차표

			92년 대선후보			전체
			부시	페롯	클링턴	
성별	남자	빈도	315	152	337	804
		성별 중 %	39.2%	18.9%	41.9%	100.0%
	여자	빈도	346	126	571	1043
		성별 중 %	33.2%	12.1%	54.7%	100.0%
전체		빈도	661	278	908	1847
		성별 중 %	35.8%	15.1%	49.2%	100.0%

● 이 표에서 보면 남자 유권자의 42%, 여성 유권자의 55%가 클링턴에게 투표했다는 것을 알 수 있다. 여기서 클링턴을 기준으로 하고, 성별을 독립변수로 한 로짓모형은 다음과 같다.

$$g_1 = \log\left(\frac{p(\text{부시})}{p(\text{클링턴})}\right) = b_{10} + b_{11}(male)$$

$$g_2 = \log\left(\frac{p(\text{페롯})}{p(\text{클링턴})}\right) = b_{20} + b_{21}(male)$$

위 모형에서 여성의 경우는 계수를 0으로 한다. SPSS에서는 범주형 변수인 경우, 디폴트로 마지막 범주를 참조범주(reference category)로 간주하여 모형화를 제공하게 된다. 따라서 성별 변수는 남성=1, 여성=2이므로 여성의 경우를 참조범주로 간주하며, 계수를 0으로 하게 된다. 이제 다항 로지스틱 절차를 이용하여 모형화를 단계별로 살펴보도록 한다.

2 **분석 – 회귀분석 – 다항 로지스틱** 절차를 선택하고, **종속변수**에 '대선92'를

요인으로 '성별'을 선택한다.

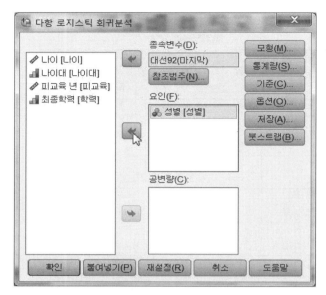

〈그림 4.2.2〉 다항 로지스틱: 변수 성별 지정

[출력결과](일부)

우도비 검정

효과	모델맞춤기준 축소모형의 -2 Log 우도	우도비 검정 카이제곱	자유도	유의확률
절편	27.343[a]	.000	0	.
성별	61.209	33.866	2	.000

카이제곱 통계량은 최종모형과 축소모형 사이의 -2
Log 우도 차입니다. 축소모형은 최종모형에서 효과
하나를 생략하여 만든 모형입니다. 영가설은
효과의 모든 모수가 0입니다.

a. 이 축소모형은 효과를 생략해도 자유도가
증가되지 않으므로 최종모형과 동일합니다.

모수 추정값

92년 대선후보[a]		B	표준오차	Wald	자유도	유의확률	Exp(B)	Exp(B)에 대한 95% 신뢰구간 하한값	상한값
부시	절편	-.501	.068	54.067	1	.000			
	[성별=1]	.433	.104	17.422	1	.000	1.543	1.258	1.891
	[성별=2]	0[b]	.		0	.			
페롯	절편	-1.511	.098	235.703	1	.000			
	[성별=1]	.715	.139	26.572	1	.000	2.044	1.558	2.682
	[성별=2]	0[b]	.		0	.			

a. 참조 범주는 클링턴입니다. 클링턴
b. 이 모수는 중복되었으므로 0으로 결정됩니다.

• 우도비 검정 결과에서 보면 성별이 유의한 변수가 됨을 알 수 있다(유의확률 0.000). 모수 추정값에서 추정값 B를 이용한 모형식은 다음과 같다.

$$g_1 = \log\left(\frac{p(\text{부시})}{p(\text{클링턴})}\right) = -0.50 + 0.433\,(male)$$

$$g_2 = \log\left(\frac{p(\text{페롯})}{p(\text{클링턴})}\right) = -1.51 + 0.715\,(male)$$

여기서 남성(성별=1)인 경우는 male=1이고, 여성인 경우는 0의 값을 갖는다. 이 모형에서 각 계수에 대한 유의확률은 0.000이므로 성별이 유의한 변수임을 알 수 있다.

절편항은 female에 대한 로짓모형을 의미한다. 즉, 여성의 경우

$$\log\left(\frac{p(\text{부시})}{p(\text{클링턴})}\right) = -0.50 \iff \log(346/571) \ (\text{앞의 분할표 참조})$$

$$\log\left(\frac{p(\text{페롯})}{p(\text{클링턴})}\right) = -1.51 \iff \log(126/571) \ (\text{앞의 분할표 참조})$$

• EXP(B)는 남성에 대한 오즈비(odds ratio)를 나타내는 것으로서, 부시의 경우는 남성이 여성에 비해 1.54배 선택할 확률이 올라가고, 페롯의 경우는 남성이 여성에 비해 2.04배 선택할 확률이 올라간다는 것을 의미한다. 다음을 살펴보도록 하자.

1) 여성의 경우

$$\log\left(\frac{p(\text{부시})}{p(\text{클링턴})}\right) = -0.50 \text{에서} \quad \frac{p(\text{부시})}{p(\text{클링턴})} = e^{-0.5} = 0.606$$

$$\log\left(\frac{p(\text{페롯})}{p(\text{클링턴})}\right) = -1.51 \text{에서} \quad \frac{p(\text{페롯})}{p(\text{클링턴})} = e^{-1.51} = 0.221$$

2) 남성의 경우

$$\log(\frac{p(부시)}{p(클린턴)}) = -0.50 + 0.433(male) \text{에서}$$

$$\frac{p(부시)}{p(클린턴)} = e^{-0.50+0.433} = 0.935$$

$$\log(\frac{p(페롯)}{p(클린턴)}) = -1.51 + 0.715(male) \text{에서}$$

$$\frac{p(페롯)}{p(클린턴)} = e^{-1.51+0.715} = 0.452$$

3) 위 1), 2) 결과에서 오즈비는 다음과 같이 계산된다.

0.935/0.606=1.543
0.452/0.221=2.04

모수 결과에서 다른 범주쌍을 비교하기 위해서는 다음과 같이 한다.

$$\log(\frac{p(부시)}{p(페롯)}) = \log(\frac{p(부시)}{p(클린턴)}) - \log(\frac{p(페롯)}{p(클린턴)})$$

3 변수 피교육(교육연수)을 모형에 추가하는 경우를 살펴보도록 하자. <그림 4.2.3>에서 변수 피교육은 연속인 변수이므로 공변량 항목에 지정하도록 한다.

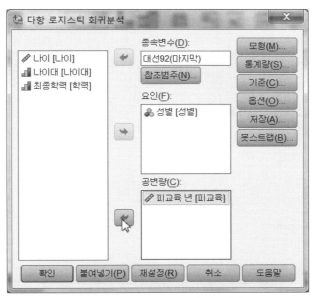

〈그림 4.2.3〉 다항 로지스틱: 변수 성별, 피교육 지정

[출력결과](일부)

우도비 검정

효과	모델적합기준 축소모형의 -2 Log 우도	우도비 검정		
		카이 제곱	자유도	유의확률
절편	315.044	.000	0	.
피교육	316.518	1.473	2	.479
성별	348.460	33.415	2	.000

카이제곱 통계량은 최종모형과 축소모형 사이의 -2
Log 우도 차입니다. 축소모형은 최종모형에서 효과
하나를 생략하여 만든 모형입니다. 영가설은 효과의
모든 모수가 0입니다.

a. 이 축소모형은 효과를 생략해도 자유도가
증가되지 않으므로 최종모형과 동일합니다.

모수 추정값

92년 대선후보[a]		B	표준오차	Wald	자유도	유의확률	Exp(B)	Exp(B)에 대한 95% 신뢰구간	
								하한값	상한값
부시	절편	-.702	.259	7.318	1	.007			
	피교육	.015	.018	.656	1	.418	1.015	.979	1.051
	[성별=1]	.428	.104	16.970	1	.000	1.535	1.252	1.881
	[성별=2]	0[b]	.		0	.	.	.	.
페롯	절편	-1.894	.353	28.859	1	.000			
	피교육	.027	.024	1.248	1	.264	1.028	.980	1.078
	[성별=1]	.715	.139	26.396	1	.000	2.043	1.556	2.684
	[성별=2]	0[b]	.		0	.	.	.	.

a. 참조 범주는\ 클링턴입니다. 클링턴
b. 이 모수는 중복되었으므로 0으로 설정됩니다.

● 변수 피교육에 대한 유의확률은 모두 0.05보다 크다. 따라서 유의수준 0.05를 기준으로 할 때, 부시나 페롯의 경우 모두 피교육의 계수는 0과 유의한 차가 있지 않다는 것을 알 수 있다. 즉, 피교육은 모형에 유의하지 않다는 것을 알 수 있다.

이러한 의미는 변수 피교육은 선형 효과가 없다는 말이 된다.

4 변수 성별과 학력을 이용한 모형에 적합해보도록 하자. 여기서 학력은 다음과 같은 의미를 지닌다.

학력 = 0: 고등학교 미만, 1: 고등학교, 2: 전문대, 3: 대학교, 4: 대학원

〈그림 4.2.4〉 다항 로지스틱: 변수 성별, 학력 지정

[출력결과](일부)

우도비 검정

효과	모델맞춤기준 축소모형의 -2 Log 우도	우도비 검정		
		카이제곱	자유도	유의확률
절편	103.601	.000	0	
성별	140.753	37.153	2	.000
학력	144.590	40.990	8	.000

카이제곱 통계량은 최종모형과 축소모형 사이의 -2
Log 우도 차이입니다. 축소모형은 최종모형에서 효과
하나를 생략하여 만든 모형입니다. 영가설은
효과의 모든 모수가 0입니다.

a. 이 축소모형은 효과를 생략해도 자유도가
증가되지 않으므로 최종모형과 동일합니다.

모수 추정값

92년 대선후보[a]		B	표준오차	Wald	자유도	유의확률	Exp(B)	Exp(B)에 대한 95% 신뢰구간	
								하한값	상한값
부시	절편	-.805	.168	22.879	1	.000			
	[성별=1]	.458	.105	19.148	1	.000	1.581	1.288	1.941
	[성별=2]	0[b]	.		0	.			
	[학력=0]	-.198	.228	.760	1	.383	.820	.525	1.281
	[학력=1]	.387	.175	4.913	1	.027	1.473	1.046	2.074
	[학력=2]	.431	.253	2.914	1	.088	1.539	.938	2.525
	[학력=3]	.424	.195	4.745	1	.029	1.529	1.043	2.239
	[학력=4]	0[b]	.		0	.			
페롯	절편	-2.188	.264	68.527	1	.000			
	[성별=1]	.760	.140	29.319	1	.000	2.139	1.624	2.816
	[성별=2]	0[b]	.		0	.			
	[학력=0]	-.502	.393	1.627	1	.202	.605	.280	1.309
	[학력=1]	.833	.267	9.709	1	.002	2.299	1.362	3.882
	[학력=2]	1.052	.346	9.263	1	.002	2.864	1.454	5.640
	[학력=3]	.804	.291	7.608	1	.006	2.233	1.262	3.953
	[학력=4]	0[b]	.		0	.			

a. 참조 범주는\ 클링턴입니다. 클링턴
b. 이 모수는 중복되었으므로 0으로 설정됩니다.

• 우도비 검정 결과에서 볼 때, 성별의 경우에 절편, 성별, 학력이 포함된 모형과
성별이 빠진 모형의 우도비 차이가 140.753이고, 이때 유의확률은 0.000이다. 따
라서 성별은 유의한 변수임을 알 수 있다. 마찬가지로 학력도 유의한 변수임을
알 수 있다.

• 모수 추정값에서 보면, 부시와 클링턴의 경우에는 학력 0과 2의 계수가 유의
하지 않은 반면에 학력 1과 3의 경우 계수가 0이라는 가설을 기각하게 된다(유
의수준 $\alpha=0.05$ 기준). 페롯과 클링턴의 경우에는 학력 1, 2, 3의 계수가 각각 0이

라는 가설을 기각하게 된다. 참고로 이러한 사실에서 볼 때 학력 0과 2를 1로, 다른 값들은 0으로 코딩변경해서 분석하는 것도 의미가 있어 보인다.

● 만약 교호작용 효과를 포함한 모형을 적합하기 위해서는 <그림 4.2.4>에서 **〈모형〉** 단추를 선택한 후, **완전요인모형**을 선택하거나 또는 <그림 4.2.5>와 같이 사용자 정의에서 모형을 지정해주면 된다. 교호작용의 경우 두 변수를 선택한 후 옮기면 된다.

〈그림 4.2.5〉 다항 로지스틱: 모형 대화상자

● 교호작용을 고려한 모형의 우도비 검정 결과는 다음과 같다. 이 결과에서 교호작용 효과의 경우 유의확률이 0.605이며, 따라서 유의하지 않다는 것을 알 수 있다.

우도비 검정

효과	모델맞춤기준 축소모형의 -2 Log 우도	우도비 검정		
		카이제곱	자유도	유의확률
절편	97.227ª	.000	0	.
학력	97.227ª	.000	0	.
성별	97.227ª	.000	0	.
성별 * 학력	103.601	6.374	8	.605

카이제곱 통계량은 최종모형과 축소모형 사이의 -2 Log 우도 차입니다. 축소모형은 최종모형에서 효과 하나를 생략하여 만든 모형입니다. 영가설은 효과의 모든 모수가 0입니다.

a. 이 축소모형은 효과를 생략해도 자유도가 증가되지 않으므로 최종모형과 동일합니다.

5 <그림 4.2.4>와 같이 변수 성별과 학력의 주효과만을 적합한 경우에 분류표와 각 후보에게 투표할 예측확률을 살펴보도록 하자. 이를 위해서는 <그림 4.2.4>의 **〈통계량〉** 단추를 선택한 후, <그림 4.2.6>과 같이 **셀 확률** 및 **분류표**를 체크하도록 한다.

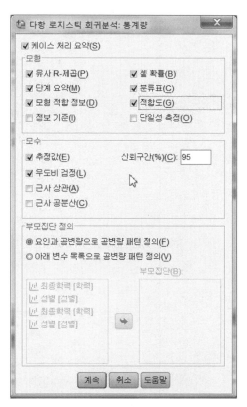

〈그림 4.2.6〉 다항 로지스틱: 통계량 대화상자

[출력결과](일부)

적합도

	카이 제곱	자유도	유의확률
Pearson	6.327	8	.611
편차	6.374	8	.605

● 모형적합도는 "귀무가설: 모형이 적합함"에 대한 카이제곱통계량을 제공한다. 유의확률 값에서 볼 때 귀무가설을 기각하지 못한다는 것을 알 수 있다. 즉, 모형이 적합하다는 것을 알 수 있다.

관측빈도와 예측빈도

최종학력	성별	92년 대선후보	빈도			퍼센트	
			감시될	예측	Pearson 잔차	감시될	예측
고등학교 미만	남자	부시	27	27.902	-.210	32.5%	33.6%
		페롯	6	6.985	-.389	7.2%	8.4%
		클링턴	50	48.114	.419	60.2%	58.0%
	여자	부시	28	27.098	.201	26.4%	25.6%
		페롯	6	5.015	.450	5.7%	4.7%
		클링턴	72	73.886	-.399	67.9%	69.7%
고등학교	남자	부시	158	162.701	-.476	39.0%	40.2%
		페롯	89	86.103	.352	22.0%	21.3%
		클링턴	158	156.197	.184	39.0%	38.6%
	여자	부시	191	186.299	.425	35.2%	34.4%
		페롯	70	72.897	-.365	12.9%	13.4%
		클링턴	281	282.803	-.155	51.8%	52.2%
초대학교	남자	부시	22	21.965	.010	39.3%	39.2%
		페롯	17	13.856	.974	30.4%	24.7%
		클링턴	17	20.179	-.885	30.4%	36.0%
	여자	부시	26	26.035	-.009	34.2%	34.3%
		페롯	9	12.144	-.984	11.8%	16.0%
		클링턴	41	37.821	.729	53.9%	49.8%
대학교	남자	부시	71	66.108	.785	44.4%	41.3%
		페롯	27	32.743	-1.125	16.9%	20.5%
		클링턴	62	61.149	.138	38.8%	38.2%
	여자	부시	75	79.892	-.681	33.2%	35.4%
		페롯	35	29.257	1.138	15.5%	12.9%
		클링턴	116	116.851	-.113	51.3%	51.7%
대학원	남자	부시	37	36.325	.140	37.0%	36.3%
		페롯	13	12.314	.209	13.0%	12.3%
		클링턴	50	51.361	-.272	50.0%	51.4%
	여자	부시	26	26.675	-.155	28.0%	28.7%
		페롯	6	6.686	-.275	6.5%	7.2%
		클링턴	61	59.639	.294	65.6%	64.1%

퍼센트는 각 부모집단의 전체 관측빈도를 기준으로 합니다.

● 각 후보자에게 투표한 관측빈도와 예측빈도를 나타낸다. 예를 들어 대학 학력이면서 남자인 사람이 각 후보에게 투표한 빈도는 (44.4%, 16.9%, 38.8%)이고, 모형을 통한 예측확률은 (41.3%, 20.5%, 38.2%)이다.

● 성별과 학력의 주효과만을 이용한 모형적합식에서 각 후보자에게 투표할 확률을 계산하는 방법을 살펴보도록 하자. 예를 들어 대학 학력이면서 남자인 사람이 각 후보에게 투표할 확률을 구해보도록 하자.

모수 추정값 출력결과에서 남성이면서 대학교인 경우의 로짓은 다음과 같다.

$$g_1 = -0.805 + 0.458 + 0.424 = 0.077$$
$$g_2 = -2.188 + 0.760 + 0.804 = -0.624$$
$$g_3 = 0$$

여기서

$$g_1 = \log(\frac{p_1}{p_3}), \ g_2 = \log(\frac{p_2}{p_3}), \ g_3 = 0$$

이고, $p_1 + p_2 + p_3 = 1$ 이므로

$$p_i = \frac{\exp(g_i)}{\sum \exp(g_i)}$$

이 된다. 따라서

$$p(부시) = \frac{1.08}{1 + 1.08 + 0.535} = 0.413$$

$$p(페롯) = \frac{0.535}{1 + 1.08 + 0.535} = 0.205$$

$$p(클린턴) = \frac{1}{1 + 1.08 + 0.535} = 0.382$$

이 됨을 알 수 있다.

● 예측빈도는 다음 분할표에서 남자이면서 대학교 출신인 경우 160명이므로, 부시의 경우는 $160 \times 0.413 = 66.1$, 페롯의 경우는 $160 \times 0.205 = 32.8$, 클링턴의 경우는 $160 \times 0.382 = 61.1$이 된다.

성별 * 최종학력 교차표

빈도

		최종학력					전체
		고등학교 미만	고등학교	초대학교	대학교	대학원	
성별	남자	83	405	56	160	100	804
	여자	106	542	76	226	93	1043
전체		189	947	132	386	193	1847

분류

	예측			
감시될	부시	페롯	클링턴	정확도(%)
부시	251	0	410	38.0%
페롯	133	0	145	.0%
클링턴	237	0	671	73.9%
전체 퍼센트	33.6%	.0%	66.4%	49.9%

● 모형의 분류표는 위와 같다. 부시의 경우, 부시에 투표한 661명 중에서 251명, 즉 38%만이 모형에 의해 정확히 분류되었다는 것을 알 수 있으며, 클링턴의 경우는 74%가 정확히 분류되었고, 전체적인 분류 성공률이 50% 정도라는 것을 알 수 있다. 참고로 분류표에서의 낮은 성공률이 꼭 모형이 적합하지 않다는 것을 의미하는 것은 아니다.(참고문헌: Hosmer and Lemeshow(1989), *Applied logistic regression*, New York: John Wiley and Son).

4.3 　프로빗 분석

4.3.1 　프로빗 분석이란?

　새 살충제가 개미를 죽이는 데 얼마나 효과적이며, 적절한 사용 농도는 얼마일까? 이를 조사 실험하기 위하여 개미 표본에 여러 가지 농도의 살충제를 사용하고, 약에 노출된 개미 수와 죽은 개미 수를 기록하는 실험을 수행할 수 있다. 이런 데이터에 프로빗 분석(probit analysis)을 적용하면 살충제 농도와 죽은 개미의 반응비율 간의 관계강도를 판별하고, 살충제 투여 개미의 95%를 확실히 죽이려는 경우 필요한 살충제의 농도를 추정할 수 있다.

　프로빗 분석은 살충제 농도와 같은 자극(stimulus)에 대해 개미가 죽는 것과 같은 특정 반응을 나타내는 케이스의 반응비율 간의 관계를 추정한다. 이 방법은 종속변수의 값이 0, 1(예를 들어 개미의 경우 죽으면 1, 살면 0)을 취하는 이분형 출력결과를 취하는 상황에서 유용하다. 이 분석을 사용하면 특정 반응비율을 감소시키거나 증가시키는 데 요구되는 자극의 강도를 추정할 수 있다. 프로빗 분석에 이용되는 모형은 프로빗모형과 로짓모형이 있다.

　프로빗모형은 π_x를 반응비율이라 할 때 다음과 같이 표현된다.

$$\pi_x = \Phi(\beta_0 + \beta_1 x) \tag{4.3}$$

　여기서 Φ는 누적표준정규분포함수(cumulative standard normal probability function)이며, Φ의 값은 0과 1 사이에 존재한다. 이를 선형화시키면

$$\Phi^{-1}(\pi_x) = \beta_0 + \beta_1 x \tag{4.4}$$

으로 되며, 여기서 Φ^{-1}은 Φ의 역함수이며, 이를 프로빗(probit)이라고 흔히 부른다. 프로빗 분석의 결과로 β_0와 β_1의 추정치와 표준오차, Pearson 적합도 카이제곱검정통계량, 관측빈도와 기대빈도, 독립변수(들)의 신뢰구간 등이 얻어진다.

로짓모형은 다음과 같이 표현되며

$$\pi_x = \frac{\exp(\beta_0 + \beta_1 x)}{1 + \exp(\beta_0 + \beta_1 x)} \tag{4.5}$$

이를 선형화시키면

$$\log\left(\frac{\pi_x}{1 - \pi_x}\right) = \beta_0 + \beta_1 x \tag{4.6}$$

이 된다. 여기서 $\log\left(\dfrac{\pi_x}{1 - \pi_x}\right)$를 로짓이라 한다.

4.3.2 프로빗 분석 절차

어떤 살충제의 사용용량(x)에 따라서 실험대상이 된 해충의 수와 죽은 해충의 수를 조사하여 <표 4.1>과 같은 데이터를 얻었다. <그림 4.3.1>과 같이 자료를 입력하고 프로빗 분석을 실시하여라.

〈표 4.1〉 살충제 효과 실험 데이터

사용용량(x)	실험대상 해충 수	죽은 해충 수	죽은 비율(π_x)	프로빗[$\Phi^{-1}(\pi_x)$]
10.2	50	44	0.88	1.18
7.7	49	42	0.86	1.08
5.1	46	24	0.52	0.05
3.8	48	16	0.33	−0.44
2.6	50	6	0.12	−1.18

데이터: Finney(1971)

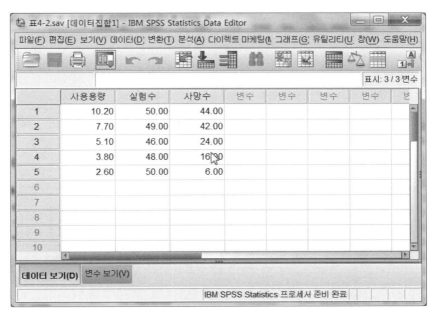

〈그림 4.3.1〉 자료 입력

1 **분석 – 회귀분석 – 프로빗** 절차를 선택해서 **응답빈도**에 사망수를, **전체 관측
빈도**에 실험수를, **공변량**에 사용용량을 지정하고 **모형**으로 **프로빗**을 선택한다.
로짓모형을 이용한 분석을 하기 위해서는 **로짓 로그선형분석**을 체크한다.

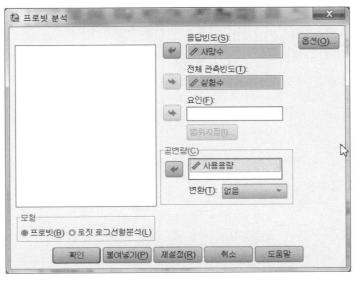

〈그림 4.3.2〉 프로빗 대화상자

2 프로빗 분석 출력결과는 다음과 같다.

모수 추정값

	모수	추정값	표준 오차	Z	유의확률	95% 신뢰구간	
						하한	상한
PROBIT[a]	사용용량	.318	.037	8.514	.000	.245	.392
	절편	-1.700	.224	-7.588	.000	-1.924	-1.476

a. PROBIT 모형: PROBIT(p) = 절편 + BX

카이제곱검정

		카이제곱검정	자유도[a]	유의확률
PROBIT	Pearson 적합도 검정	7.258	3	.064[b]

a. 각 케이스를 기준으로 하는 통계량은 통합 케이스를 기준으로 하는
통계량과 다릅니다.
b. 유의수준이 .150보다 작기 때문에 이질성 요인이 신뢰한계 계산에
사용됩니다.

셀 빈도 및 잔차

	숫자	사용용량	개체의 수	관측응답	기대응답	잔차	확률
PROBIT	1	10.200	50	44	46.957	-2.957	.939
	2	7.700	49	42	37.919	4.081	.774
	3	5.100	46	24	21.602	2.398	.470
	4	3.800	48	16	14.976	1.024	.312
	5	2.600	50	6	9.576	-3.576	.192

그림 4.3.3 모수 추정값, 카이제곱검정, 확률

- <그림 4.3.3>의 카이제곱검정에서 프로빗모형에 대한 유의확률은 0.064로 서 유의수준 0.05에서 모형은 유의하다고 볼 수 있다. 이때 적합된 모형은 $\widehat{\Phi^{-1}}(\pi_x) = -1.7 + 0.318x$ 이다.

- 셀 빈도 및 잔차는 적합된 모형을 이용한 기댓값과 관측응답 및 잔차(관측응답 -기대응답)를 보여준다.

- 사용용량에 대한 95% 신뢰한계 및 프로빗 그림은 다음과 같다.

신뢰한계

	확률	사용용량에 대한 95% 신뢰한계		
		추정값	하한	상한
PROBIT[a]	.010	-1.967	-12.522	.997
	.020	-1.110	-10.505	1.568
	.030	-.567	-9.230	1.933
	.040	-.159	-8.273	2.211
	.050	.174	-7.497	2.439
	.060	.457	-6.838	2.635
	.070	.705	-6.261	2.808
	.080	.927	-5.747	2.964
	.090	1.129	-5.280	3.107
	.100	1.315	-4.851	3.241
	.150	2.084	-3.091	3.807
	.200	2.696	-1.717	4.281
	.250	3.221	-.564	4.713
	.300	3.693	.442	5.132
	.350	4.129	1.337	5.557
	.400	4.544	2.142	6.004
	.450	4.945	2.867	6.491
	.500	5.339	3.518	7.032
	.550	5.734	4.102	7.640
	.600	6.135	4.628	8.326
	.650	6.550	5.108	9.098
	.700	6.986	5.559	9.967
	.750	7.458	5.998	10.952

〈그림 4.3.4〉 신뢰한계(일부)

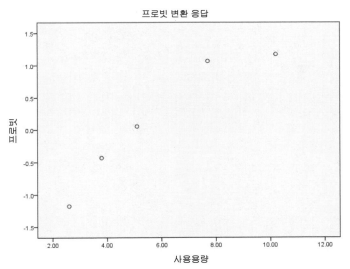

〈그림 4.3.5〉 프로빗 그림

연습문제   exercise

4.1   일반적으로 주택소유에 대한 여부는 연령, 자녀 수, 가계소득과 같은 변수들에 영향을 받는 것으로 알려져 있다. 이에 관한 설문자료가 다음과 같다. 연령, 자녀 수, 가계소득이 주택소유 유무에 어떤 영향을 주는지 로지스틱 회귀분석을 실시하시오.

〈주택소유 유무 설문 자료〉

응답자 번호	주택소유 유무 (소유 = 1, 무소유 = 0)	자녀 수	연령	연간 가계수입 (단위: 만원)
1	1	4	61	5130
2	0	0	32	2500
3	1	1	35	2240
4	0	0	26	1890
5	0	0	25	1312
6	1	5	59	2850
7	1	3	46	3420
8	1	4	69	3780
9	1	3	57	4450
10	1	2	64	2344
11	1	5	72	2848
12	1	3	67	3100
13	0	0	33	1472
14	0	0	23	1496
15	0	1	33	1592
16	1	2	59	2596

응답자 번호	주택소유 유무 (소유 = 1, 무소유 = 0)	자녀 수	연령	연간 가계수입 (단위: 만원)
17	1	1	60	2352
18	1	2	77	2200
19	0	2	52	2128
20	1	1	55	2358
21	0	1	37	2428
22	1	3	45	3125
23	0	1	34	2200
24	0	3	35	1900
25	0	1	35	2190
26	1	3	47	2340
27	0	0	24	1592
28	0	0	28	2340
29	1	2	57	3096
30	1	2	44	2558
31	0	3	65	1904
32	1	3	58	2432
33	0	2	49	1280
34	0	2	43	2376
35	0	3	44	1944
36	1	2	48	2528
37	0	0	23	1376
38	0	4	56	1832
39	1	0	30	1998
40	1	4	78	2112

4.2   어떤 의류상점에서 불경기 기간에 매상고를 올리기 위하여 할인판매를 실시하였다. 5주간에 걸쳐 차례로 할인율을 올려가며 판매하였더니 다음의 데이터를 얻었다. 프로빗 분석을 실시하여라.

주	할인율(%)	손님 수(선착순)	구입한 손님 수
1	5	400	64
2	10	400	102
3	15	400	140
4	20	400	206
5	25	400	296

4.3   다음 데이터는 토요일 저녁의 외식에 관한 소비자연구에서 나온 것이다.(외식의 반응 '0'은 외식을 하지 않은 경우이고, 외식의 반응 '1'은 외식을 한 경우이다.) 외식을 소득에 연관시킨 로지스틱 회귀분석을 하여라.

외식	소득	외식	소득	외식	소득	외식	소득
0	17	0	22	1	28	1	35
0	19	1	24	1	30	1	36.5
0	20	1	25	0	31.5	1	39
0	20.5	0	25	1	32	1	40
0	21.5	0	27	1	34	1	41

출처: Jackson, B.B(1983), *Multivariate Data Analysis: An Introduction*, Irwin, IL: Homewood.

4.4   미국 선거자료 voter.sav에서 임의로 500개를 추출한 후, 이 데이터를 이용하여 다항 로지스틱모형을 적합하고, 결과를 해석하여라.

4.5 암의 골수전이에 영향을 주는 4개의 위험인자의 14개 조합과 각 조합에 해당하는 사례의 수와 이 중에서 골수전이가 드러난 사례의 수에 관한 의학자료이다. 각 인자는 음성 및 양성의 두 수준으로 정리되었으며, 반응범주는 편의상 골수전이가 있으면 'Y = 1'로, 골수전이가 없으면 'Y = 0'으로 나타내기로 하자. 로지스틱 회귀분석을 실시하여라. 또한 로짓모형에 의한 프로빗 분석을 실시하고 위의 결과와 비교하여보아라.

암의 골수전이에 관한 자료*

FRBC**	PAIN	ALKP	PLT	표본 크기	골수전이
−1	−1	−1	−1	18	0
−1	−1	1	−1	11	3
−1	−1	1	1	3	2
−1	1	−1	−1	5	1
−1	1	1	−1	8	5
−1	1	1	1	2	2
1	−1	−1	−1	3	2
1	−1	−1	1	2	2
1	−1	1	−1	4	4
1	−1	1	1	3	3
1	1	−1	−1	2	2
1	1	−1	1	2	2
1	1	1	−1	5	5
1	1	1	1	7	7

* 출처: 김병수·이선주·한지숙, <로지스틱 회귀분석을 이용한 암의 골수전이에 대한 판정 기준 결정>, 《응용통계연구》, 1권 2호, 1987, pp.45~60.

** FRBC = 분쇄적혈구, PAIN = 골통증, ALKP = 알카리성 인산분해효소, PLT = 혈소판 수

5

이단계 군집분석

TwoStep Cluster Analysis

Advanced IBM **SPSS**

이단계 군집분석

SPSS에서 제공되고 있는 군집분석으로는 계층적 군집분석, K-평균 군집분석이 있고, 이 외에 이단계 군집분석이 있다. 전통적으로 널리 이용되고 있는 방법이 계층적 군집분석, K-평균 군집분석[3]이다. SPSS는 버전 11.5부터 이단계 군집분석 절차를 제공하고 있다. 이단계 군집분석은 비교적 최근에 연구되고 있는 방법으로 아직은 널리 소개되어 있지는 않지만, 대량 자료의 군집분석에 유용한 방법으로 변수가 범주형이거나 연속형이거나 상관없이 모두 이용될 수 있는 방법이다. 이 장에서는 이단계 군집분석 절차들에 대하여 살펴보도록 한다.

---

3) 계층적 군집분석, K-평균 군집분석에 대해서는 박성현, 조신섭, 김성수 공저, ≪SPSS 17.0 이해와 활용≫ (서울: 한나래아카데미, 2009)을 참조하기 바란다.

5.1 이단계 군집분석

군집분석 방법으로 전통적으로 널리 이용되고 있는 방법이 계층적 군집분석과 K-평균 군집분석이라고 할 수 있다. 계층적 군집분석 방법으로는 병합적인 방법과 분할적인 방법이 있는데, 병합 계층적 군집분석(aggregative hierarchical cluster analysis)은 개체들을 유사한 개체들끼리 묶어나가면서 최종적으로 하나의 군집으로 형성해나가는 방법이며, 분할 계층적 군집분석(divisive hierarchical cluster analysis)은 하나의 군집에서 시작하여 개체를 하나씩 분리해나가면서 군집을 형성해나가는 방법이다. K-평균 군집분석(K-means cluster analysis)은 군집 수를 미리 정한 상태에서 각 케이스들을 K개군의 중심에 가까운 곳으로 반복 배치함으로써 군집을 구하는 방법이다.

계층적 군집분석을 행하기 위해서는 모든 케이스들의 거리행렬이 요구되고, 군집을 형성해나가면서 새로운 거리행렬이 계속 요구되기 때문에 대량 자료의 경우에는 아주 많은 시간이 걸리는 단점이 있다. K-평균 군집분석은 거리행렬이 요구되지 않고 군 중심 간의 거리가 가까운 곳으로 배치하는 과정을 반복하기 때문에 속도가 빨라 대량 자료의 경우에 유용한 방법이다. 반면에 K-평균 군집분석은 사전에 군집 수를 미리 정해야 하고, 초기군 중심에 따라 군집 결과가 달라지는 어려움이 있다. 또한 K-평균 군집분석은 특이점(outlier)에 영향을 많이 받는 단점도 가지고 있다.

이단계 군집분석은 변수가 범주형이나 연속형이 혼합된 경우에도 이용할 수 있다. 이 방법은 데이터의 처리를 한 번만 요구하므로 K-평균 군집분석과 달리 반복 계산하는 절차를 거치지 않기 때문에 대량 자료의 경우에도 처리 속도가 매우 빠른 장점을 가지고 있다. 이단계 군집분석의 절차는 다음과 같다.

단계 1: 각 개체를 읽어 다수의 사전군집(pre cluster)을 만든다. 각 케이스를 하나씩 읽어나가면서 거리 크기에 따라 기존에 형성된 사전군집에 포함시키거나, 또는 새로운 사전군집을 형성한다. 모든 케이스를 읽어 사전군집 작업이 끝나면 다음 단계의 계층적 군집분석으로 넘어간다. 여기서 각 사전군집에 포함된 원시데이터들은 똑같은 개체로 간주된다.

단계 2: 형성된 사전군집들을 이용하여 사전군집들 간의 거리행렬을 구한 후, 계층적 군집분석을 행한다. 참고로 사전군집 수가 많을수록 더 좋은 군집 결과가 나올 가능성이 많으나 반면에 군집 처리 속도가 느려질 수 있다.

5.2 이단계 군집분석 거리

이단계 군집분석은 변수가 연속형인 경우는 정규분포(normal distribution)를 따르는 것으로 가정하고, 범주형인 경우 다항분포(multinomial distribution)를 따르고 각 변수들은 독립인 경우로 가정한다. 이러한 가정 하에서 두 군집 간의 거리는 하나의 군집으로 묶일 때 로그우도(log-likelihood)의 감소량으로 정의한다. 구체적인 거리 정의는 다음과 같다.

$$d(A,B) = \log L(A) + \log L(B) - \log L(AB)$$

$LogL(A)$: 군집 A의 로그우도(log-likelihood)
$Log(AB)$: 군집 A와 B를 합친 경우의 로그우도

구체적인 로그우도 식은 다음과 같다.

$$\log L(A) = -n_A \left(\sum_{j=1}^{p} \frac{1}{2} \log(\widehat{\sigma_{Aj}^2} + \widehat{\sigma_j^2}) - \sum_{j=1}^{q} \sum_{l=1}^{m_j} \frac{N_{Ajl}}{N_A} \log \frac{N_{Ajl}}{N_A} \right)$$

N_A: 군집 A의 케이스 수
p: 연속인 변수의 수
q: 범주형 변수의 수
$\hat{\sigma}_{Aj}^2$: 군집 A에서 j변수의 분산
$\hat{\sigma}_j^2$: j변수의 분산

m_j: j번째 범주형 변수의 범주 수

N_{Ajl}: 군집 A에서 j번째 범주형 변수의 l범주의 수

참고로 이러한 거리의 정의는 가정이 어긋나는 경우에도 잘 적합되는 것으로 알려져 있다.

또한 이단계 군집분석에서 변수가 모두 연속형인 경우에는 유클리드 거리도 사용할 수 있도록 하고 있다.

5.3 군집특성나무(Cluster Feature tree: CF tree)

계층적 군집분석에서는 각 케이스들의 모든 거리행렬을 이용하기 때문에 데이터의 수가 많은 경우에는 많은 메모리가 필요하고 속도가 느려서 불합리한 군집 방법이 된다. 이러한 어려움을 해결하는 방법 중의 하나로 제안된 방법이 BIRCH(Balanced Iterative Reducing and Clustering using Hierarchies) 방법(Zhang et al. 1996)이다. BIRCH 알고리즘은 첫 단계로 각 케이스들의 거리가 일정 범위 안에 있는 케이스들을 묶어 다수의 사전군집을 만들고, 다음 단계로 앞 단계에서 만들어진 사전군집을 이용하여 일반 군집 방법, 특히 계층적 군집 방법을 이용하여 최종적인 군집을 형성한다.

BIRCH 알고리즘의 핵심은 사전군집을 형성하는 데 이용되는 군집특성(Cluster Feature: CF)과 CF 트리(Tree)로 특징지어진다. CF는 세 가지 속성을 갖는 다음과 같은 벡터로 이루어진다.

$$CF = (N, LS, SS)$$

N: 군집 내의 케이스 수

LS: 변수의 선형, 예: $\sum X_i$

SS: 변수의 제곱합, 예: $\sum X_i^2$

BIRCH 알고리즘에서는 데이터를 읽어나가면서 CF 특성을 갖는 값만 저장하면 되기 때문에 원시자료를 모두 다 저장할 필요가 없어 효율적으로 사전군집을 형성할 수 있게 된다.

이러한 사전군집은 군집특성나무(Cluster Feature Tree: CF tree)로 요약될 수 있다. 군집특성나무는 여러 개의 노드(node)로 구성되고, 각 노드는 L개의 엔트리(entry)로 이루어진 나무구조 형태를 말한다. 노드는 잎-노드(leaf-node)와 비잎-노드(nonleaf-node)로 구분된다. 잎-노드는 하단에 여러 개의 엔트리(entry)를 가진다. 이러한 형태는 다음과 같다.

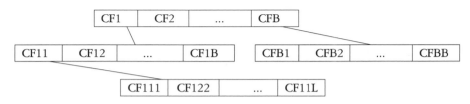

〈그림 5.3.1〉 CF Tree

CF 트리에서 잎-노드(leaf-node)는 최대한 L개의 엔트리로 이루어진다. 여기서 각 L개의 엔트리는 반경이 주어진 임계값(Threshold) 내에 있어야 한다. 이러한 CF 트리는 새로운 데이터를 읽어들이면서 기존의 엔트리에 포함되거나 또는 새로운 엔트리로 구성되면서 자동적으로 만들어나간다.

SPSS 이단계 군집분석에서는 디폴트로 3개의 노드 수준을 사용하며, 각 노드는 최대 8개의 엔트리로 구성된 CF 트리를 사용하고 있다. 따라서 최대 구성할 수 있는 엔트리는 512개이며, 따라서 구성할 수 있는 최대 사전군집 수는 512개가 된다.

5.4 특이점(outlier) 처리

SPSS 이단계 군집분석에서는 CF 트리를 구성하면서 특이점 처리를 할 수 있도록 하고 있다. 특이점은 어느 군집에도 속하지 않는 데이터를 의미한다. CF 트리에서 가장 많은 케이스를 포함하는 엔트리에 비해서 일정 부분 이하의 케이스(디폴트는 25%)를 가지는 엔트리의 데이터들을 특이점으로 간주하고 있다.

SPSS에서는 CF 트리를 재구성하기 전에 잠재적인 특이점들을 검출해 따로 구성한다. CF 트리를 재구성할 때, 트리의 크기를 증가시키지 않고 검출된 특이점들이 기존 엔트리에 포함될 수 있는지를 체크하게 된다. CF 트리 구성 작업이 끝난 후에 적은 수의 케이스를 가지는 엔트리는 특이점으로 간주된다.

5.5 군집 수의 결정

이단계 군집분석 절차에서는 사전군집을 만든 후, 이를 이용하여 계층적 군집분석 절차를 수행한다. 적정 군집 수는 자동으로 정할 수 있도록 하고 있다. 적정 군집 수를 정할 때 이용되는 통계량은 BIC(Schwarz's Bayesian Information Criterion) 또는 AIC(Akaike's Information Criteria)이다.

참고로 BIC와 AIC 계산은 다음과 같다.

$$BIC(J) = -2\sum_{j=1}^{J} \log L(A_j) + b_J \log(N)$$

$$AIC(J) = -2\sum_{j=1}^{J} \log L(A_j) + 2b_J \ , \ b_J = J\{2\mathrm{p} + \sum_{k=1}^{q}(\mathrm{m}_k - 1)\}$$

BIC를 이용한다면, BIC 값이 작으면서, 군집 수를 증가시킬 때의 BIC 값의 변화가 작은 경우를 적정 군집 수로 택한다.

5.6 변수의 중요도

SPSS 이단계 군집분석 절차에서는 군집을 정할 때 변수들의 상대적인 기여도를 나타내는 변수의 중요도를 제공해준다. 연속형인 경우와 범주형 변수의 경우 각각 다음과 같은 통계량을 이용한다.

- 연속형인 경우

변수가 연속형인 경우는 다음과 같은 t-통계량을 이용한다.

$$t = \frac{\hat{\mu}_k - \hat{\mu}_{jk}}{\hat{\sigma}_{jk}/\sqrt{N_k}}$$

t-통계량이나 유의확률이 중요도로 이용된다.

- 범주형인 경우

범주형 변수인 경우는 다음과 같은 χ^2-통계량을 이용한다.

$$\chi^2 = \sum_1^q (\frac{N_{Ajl} - N_{jl}}{N_{jl}})^2$$

여기서 χ^2-통계량이나 유의확률이 중요도로 이용된다.

5.7 이단계 군집분석 절차

다음은 SPSS에서 제공하고 있는 설문지 자료의 일부인 'survey_sample.sav'의 일부 자료(변수 수: 46, 케이스 수: 2832)이다. 연속변수로서 '연령'을, 범주형 변수로서 '성별', '신문', '최종학력'[4]을 이용하여 이단계 군집분석을 행하고 결과를 살펴보도록 하자.

	일련번호	고용상태	결혼상태	자녀수	연령	피교육년수	부친피교육년
1	1	1	3	2	60	12	
2	2	2	5	0	27	17	
3	3	1	1	2	36	12	
4	4	1	5	0	21	13	
5	5	1	5	0	35	16	
6	6	1	3	1	33	16	
7	7	1	4	0	43	12	
8	8	1	5	0	29	13	
9	9	2	1	2	39	18	
10	10	1	3	0	45	15	
11	11	4	5	0	29	12	
12	12	1	1	1	41	15	

〈그림 5.7.1〉 survey_sample.sav

1 **분석 – 분류분석 – 이단계 군집분석** 절차를 선택한다.

---

4) 여기서는 단순히 범주형 변수 일부와 연속형 변수를 이용하여 이단계 군집분석 절차를 살펴보고자 한다. 더 좋은 군집 결과를 얻기 위한 작업은 각자 수행해보도록 하자.

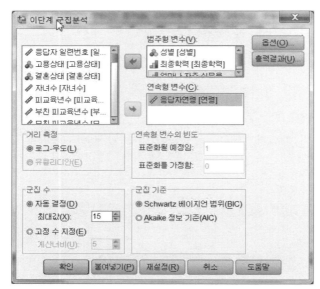

〈그림 5.7.2〉 이단계 군집분석 대화상자

- **범주형 변수**로 '성별', '최종학력', '신문' 변수를 택하고, **연속형 변수**로 '연령'을 택한다.
- **거리 측정**은 디폴트로 로그-우도를 택한다. 유클리디안은 연속형 변수만 있는 경우에 사용 가능하다.
- **군집 수** 및 **군집 기준**은 디폴트를 선택한다.

2 〈**옵션**〉 단추를 선택한다.

〈그림 5.7.3〉 이단계 군집분석: 옵션

• **이상값 처리**의 **잡음 처리 사용**을 클릭한다. 사전군집을 형성하기 위한 CF 트리에서 가장 큰 엔트리의 개수보다 25% 작은 엔트리는 특이점으로 간주한다.

• 〈**고급**〉 단추는 CF 나무를 만들 때의 조건을 변경하고자 할 때 이용한다. 디폴트를 사용하면 된다.

3 〈**출력결과**〉 단추를 선택한다.

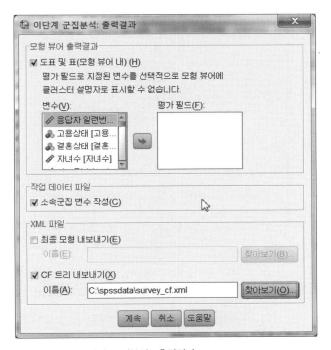

〈그림 5.7.4〉 이단계 군집분석: 출력결과

• **소속군집 변수 작성**을 체크하여 소속된 군집 정보를 데이터 편집기에 보내도록 한다.

• XML 파일은 최종모형이나 CF 트리를 저장하는 기능을 한다.

4 출력결과는 다음과 같다.

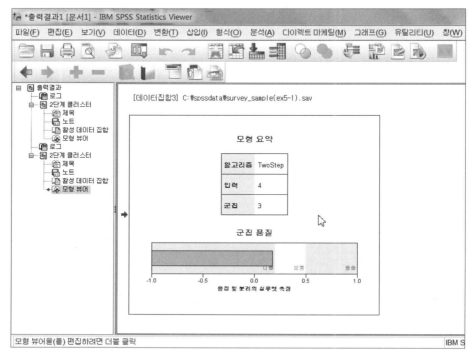

〈그림 5.7.5〉 모형 요약 결과

● 모형 요약: 모형 요약 결과를 나타낸다. 입력 변수는 4개이고, 결정된 군집 수는 3개임을 알 수 있다. 실루엣[5]은 군집 품질을 나타내는 그림으로서, −1에서 1까지의 값을 갖는다. −1에 가까울수록 군집 결과가 안 좋고, 1에 가까울수록 군집 결과가 좋다는 것을 나타낸다. 모형 요약 결과를 더블클릭하면 모형 뷰어 편집기로 들어간다.

---

5) Peter J. Rousseeuw(1987). "Silhouettes: a Graphical Aid to the Interpretation and Validation of Cluster Analysis". *Computational and Applied Mathematics* 20: pp.53~65.

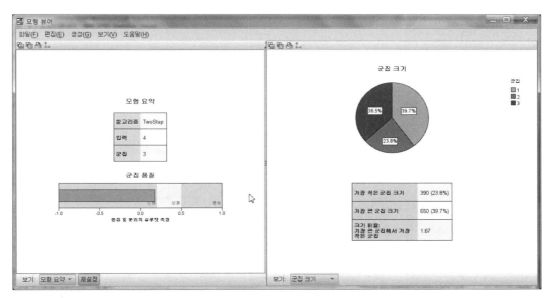

〈그림 5.7.6〉 모형 뷰어 편집기

● 모형 뷰어 편집기이다. 왼쪽 화면의 보기에는 모형 요약이 나와 있고, 오른쪽
화면의 보기에는 군집 크기가 나와 있음을 확인할 수 있다. 가장 큰 군집 크기
는 650(39.7%)이고, 가장 작은 군집 크기는 390(23.8%)임을 보여준다.

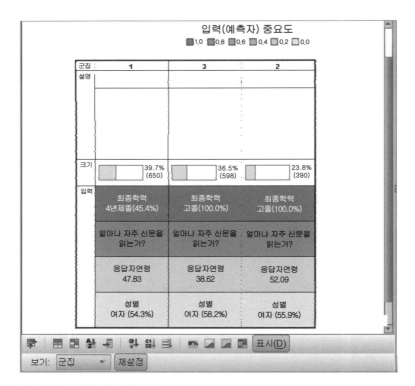

〈그림 5.7.7〉 입력 변수 중요도

- 입력 변수의 중요도를 나타내는 그림이다. 왼쪽 하단 보기에서 군집을 택한 경우에 나타난다. 최종학력, 신문, 연령, 성별순으로 되어 있음을 알 수 있다.

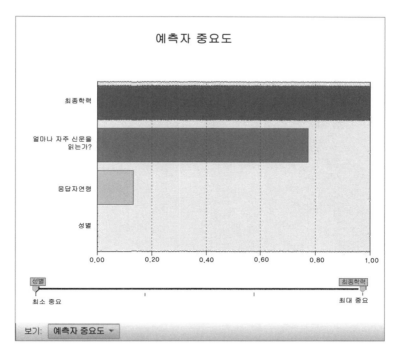

〈그림 5.7.8〉 변수 중요도

● 오른쪽 하단의 보기에서 예측자 중요도를 택한 화면이다. <그림 5.7.7>과 비
교해보라.

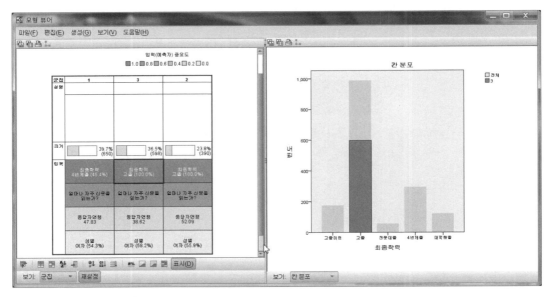

〈그림 5.7.9〉 모형 뷰어: 칸 분포

● 왼쪽 화면의 군집 3(두 번째 군집)에서 최종학력을 마우스로 택한 화면이다. 오른쪽 칸 분포에서 군집 3의 경우에는 전부 고졸임을 알 수 있다.

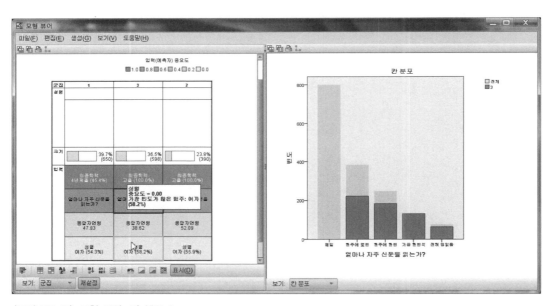

〈그림 5.7.10〉 모형 뷰어: 칸 분포 2

● 왼쪽 화면의 군집 3(두 번째 군집)에서 신문을 마우스로 택한 화면이다. 군집 3에

서의 신문 보는 횟수의 분포를 알 수 있다.

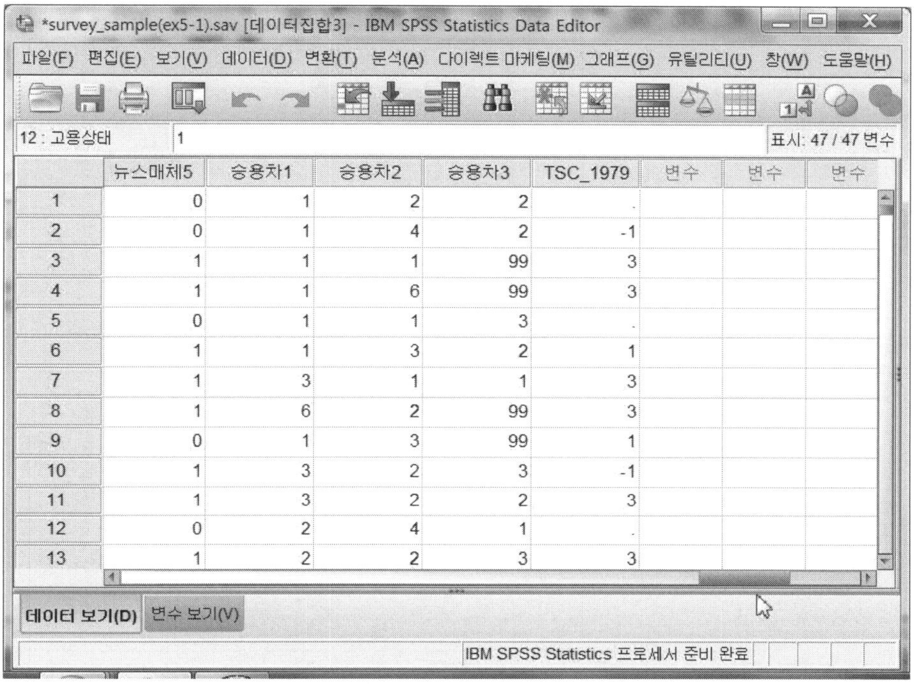

	뉴스매체5	승용차1	승용차2	승용차3	TSC_1979	변수	변수	변수
1	0	1	2	2	.			
2	0	1	4	2	-1			
3	1	1	1	99	3			
4	1	1	6	99	3			
5	0	1	1	3	.			
6	1	1	3	2	1			
7	1	3	1	1	3			
8	1	6	2	99	3			
9	0	1	3	99	1			
10	1	3	2	3	-1			
11	1	3	2	2	3			
12	0	2	4	1	.			
13	1	2	2	3	3			

〈그림 5.7.11〉 데이터 편집기: 군집 결과 변수 생성

- 데이터 편집기에 군집을 나타내는 변수 TSC_1979가 생성되어 있음을 알 수 있다. 여기서 −1은 특이점(outlier)를 나타내는 값이다. 마침표(.)는 결측치를 나타내는 값이다. 결측치가 많은 이유는 입력 변수 '신문'에서 결측치(0,8,9로 설정되어 있음)가 많기 때문이다.

5 다른 변수와의 관계

군집분석 결과를 나타내는 TSC_1979를 이용하여 다른 변수와의 관계를 알아볼 수 있다. 참고로 <그림 5.7.12>는 교차분석 화면이고 <그림 5.7.13>은 교차분석 결과이다. <그림 5.7.13> 결과에서 군집 2의 경우는 인터넷 뉴스를 전혀 이용하지 않는 반면에 군집 3의 경우는 반대로 인터넷 뉴스를 많이 활용한다는 것을 알 수 있다.

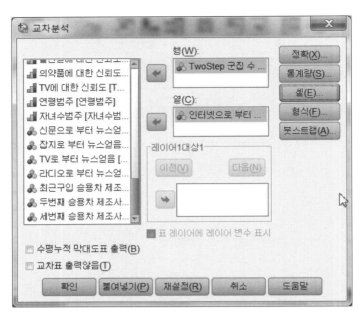

〈그림 5.7.12〉 교차분석 대화상자

케이스 처리 요약

	케이스					
	유효		결측		전체	
	N	퍼센트	N	퍼센트	N	퍼센트
TwoStep 군집 수 * 인터넷으로 부터 뉴스얻음	1858	65.6%	974	34.4%	2832	100.0%

TwoStep 군집 수 * 인터넷으로 부터 뉴스얻음 교차표

			인터넷으로 부터 뉴스얻음		전체
			아니오	예	
TwoStep 군집 수	이상값 군집	빈도	52	168	220
		TwoStep 군집 수 중 %	23.6%	76.4%	100.0%
	1	빈도	445	205	650
		TwoStep 군집 수 중 %	68.5%	31.5%	100.0%
	2	빈도	390	0	390
		TwoStep 군집 수 중 %	100.0%	.0%	100.0%
	3	빈도	110	488	598
		TwoStep 군집 수 중 %	18.4%	81.6%	100.0%
전체		빈도	997	861	1858
		TwoStep 군집 수 중 %	53.7%	46.3%	100.0%

〈그림 5.7.13〉 교차분석 결과

연습문제 exercise

5.1 제공되는 자료 파일 'churn.sav' 파일을 이용하여 이단계 군집분석을 행하고자 한다. 이 자료는 클레멘타인 Telco CAT의 고객 1477명의 통화 관련 자료이다. 군집화에 이용될 변수는 장거리통화량(LONGDIST), 국제통화량(international), 시내통화량(local) 등 3개 변수이다.

1) 장거리통화량(LONGDIST), 국제통화량(international), 시내통화량(local) 세 개 변수를 이용하고, 거리는 로그-우도로 하여 이단계 군집분석을 행하여라.

2) 변수 local을 로그변환, $LOG10local = \log_{10}(local + 1)$을 적용하여 군집분석을 행하고 1)번 결과와 비교하여라.

3) 거리 측도 방법으로 유클리드를 이용하여 위 1), 2)번을 행하고 로그-우도 거리를 이용한 경우와 비교하여라.

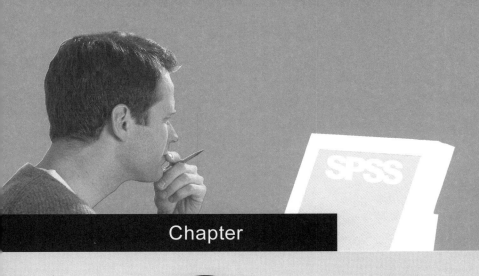

6

나무모형

Decision Trees

Advanced IBM **SPSS**

나무모형

SPSS에서 제공하는 나무모형은 분류분석 방법으로 널리 이용되고 있는 분석방법이다. 분류 결과가 나무모형과 같은 그림으로 제공되기 때문에 결과의 이해가 쉽고, 활용하기가 쉬워서 마케팅, 의학 분야 등에 널리 이용되고 있다. 나무모형을 만들어가는 방법으로는 CHAID, Exhaustive CHAID, CART, QUEST 방법이 있다. 실제 자료를 가지고 나무모형을 만들어 갈 때는 나무모형 그림이 커서 한 화면으로 부족한 경우가 많다. SPSS는 이러한 경우에도 효율적으로 나무모형을 활용할 수 있도록 Tree Editor를 제공하고 있다. 이 장에서는 CHAID, CART 방법을 위주로 예를 들어 살펴보도록 한다.

6.1 나무모형 개요

나무모형(Decision Tree)은 나뭇가지 모양의 나무구조로 도형화하여 분류모형을 제공하는 분석기법이다. 관심 있는 반응변수(종속변수, 목표변수: target variable)가 범주형인 경우에는 설명변수(독립변수)의 값에 따라 각 케이스를 그룹으로 분류하고, 반면에 반응변수가 연속형인 경우에는 설명변수의 값에 따라 반응변수의 추정값을 나무구조로 나타내는 분석을 나무모형 분석이라 한다. 이러한 나무모형은 다음과 같은 용도로 이용된다.

● **분류**: 은행에 대출을 신청한 사람에게 재산 정도, 나이, 직업별 등에 따라 대출을 승인할 것인지 거절해야 할 것인지에 대한 의사결정을 내려야 하는 경우에 이용된다.

● **세분화**: 고객들을 위험도가 높은 그룹, 중간 그룹, 낮은 그룹 등으로 구분하는데 이용된다.

● **예측**: 설명변수들을 이용하여 반응변수의 예측 규칙을 만들고, 이를 이용하여 고객의 대출 위험 가능성이나 평균 신용카드 사용액과 같은 예측값을 추정하는데 이용된다.

● **변수 선택**: 데이터에 있는 변수 중에서 분류나 예측 등에 유용한 변수를 선택하는 기능을 한다.

● **교호작용 탐색**: 설명변수 중에서 일부 변수들의 조합이 가지는 특별한 효과를 찾아내는 것을 말한다. 이러한 상호작용은 나무모형의 분류에 이용된다.

● **범주 합병 또는 연속변수의 범주화**: 설명변수가 범주형 변수인 경우 동일한 그룹으로 분류되는 범주를 병합하거나, 연속형 변수인 경우 이산형 변수로 범주화한다.

나무모형은 나무구조로 표현되어 분류모형을 제공하므로 일반인들도 이해하기 쉽고, 쉽게 활용할 수 있으므로 데이터마이닝 관점에서 널리 이용되는 방법이다. 예를 들어 어느 은행에서 고객의 신용도에 따라 신용등급을 정한다고 하자. 이러한 경우 개인 재산, 직업, 근무연수 등에 따라 신용등급을 분류할 수 있는 나무모형을 만든다면, 새로운 고객에 대해서도 이러한 분류모형을 이용하여 나무모형의 구조를 따라가면 쉽게 고객의 신용도 등급을 정할 수 있게 된다.

또 다른 예로서 어느 카드회사에서 연수입, 취업경력, 개인채무 등에 따라 카드발급 여부를 결정하고자 한다고 하자. 이러한 경우, 고려하는 각각의 변수의 중요도에 따라 순위를 정하고 각 변수가 취하는 값에 따라 카드발급 여부를 승인하는 단계를 따르는 나무모형을 이용한다면 카드발급 여부를 승인하는 의사결정을 쉽게 할 수 있을 것이다.

<그림 6.1.1>은 이러한 예를 살펴보기 위한 나무모형의 한 예이다. <그림 6.1.1> 나무모형에서는 먼저 연수입을 고려하여 연수입이 3000만 원 이하인 경우에는 다음 변수로 취업경력을 고려하여 만약 취업경력이 5년 이하이면 발급을 거부하고, 취업경력이 5년을 넘어가면 발급승인을 하는 결정을 내린다. 반면에 연수입이 3000만원을 넘어가는 경우에는 다음 변수로 개인부채를 고려하여 개인부채가 2000만 원 이하인 경우에는 발급을 승인하고, 개인부채가 2000만원을 넘어가면 발급을 거부하는 결정을 내리는 나무모형을 보여준다.

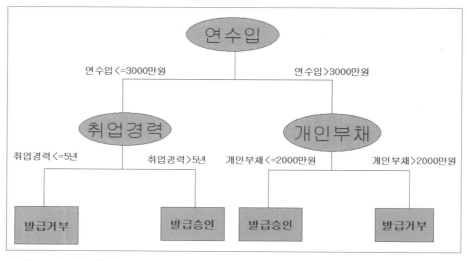

〈그림 6.1.1〉 나무모형 예

    나무모형은 노드(node)라고 하는 몸통과 노드와 노드를 연결해주는 줄기로 구성되어 있다. <그림 6.1> 나무모형에서 첫 번째 변수에 해당되는 연수입을 우리는 뿌리노드(root node)라 하고, 뿌리노드에서 분할된 두 개의 노드, 즉 취업경력과 개인채무를 중간노드(혹은 자식노드: children node)라고 하며, 발급승인, 발급거부와 같이 최종적으로 분류되어 더 이상의 분할이 이루어지지 않는 노드를 최종노드(terminal node)라고 한다. 중간노드의 개수가 많아질수록 나무모형의 구조가 복잡해지고, 따라서 해석 또한 어려워진다는 것을 알 수 있다. 이와 같이 카드발급 여부를 승인하기 위한 법칙을 나무구조에 따라 단계별로 반복적으로 분할해나가면서 최종적으로 의사결정에 이르는 분석방법을 나무모형(tree model), 나무구조모형(tree-based model) 또는 의사결정나무(decision tree)라 한다.

6.2   나무모형 분할 방법

    나무모형의 분할은 나무구조를 생성하는 과정이므로 나무모형에서 가장 중요한 틀을 잡아주는 일이다. 나무구조가 만들어져야 뿌리노드에서 최종노드까지의 나무의 크기를 결정하고 최종노드에서 의사결정을 할 수 있게 된다. 분할방법의 기본적인 아이디어는 나무구조의 단계마다 가급적 같은 그룹의 관찰치들이 같은 노드에 속하도록 분할 규칙을 찾는 데 있다. 즉, 뿌리노드에서는 여러 개 집단들의 관찰치들이 섞여 있지만 분할이 진행됨에 따라 중간노드에서는 점점 더 동질적인 노드가 만들어지고 마지막으로 최종노드에서는 하나의 집단이 다른 집단에 비해 압도적으로 많아지도록 하는 현상을 갖도록 한다.

    SPSS에서 제공되고 있는 분할 규칙은 다음과 같이 네 가지가 있다.

① CHAID(Chi-Squared Automatic Interaction Detection)

    각 단계에서 CHAID 방법은 종속변수와 가장 큰 교호작용 효과를 가지는 독립변수를 선택한다. 각 독립변수의 범주들은 종속변수에 대해서 유의한 차이가 있지 않은 경우에는 병합되며, 분할은 각 노드에서 두 가지 가지로만 분할되는 이분할법이 아닌 세 가지 이상의 여러 가지로 분할될 수 있다. 연속형 설명변수가 있는 경우에는 범주화를 수행하여 모든 변수를 범주형으로 취급한다. 1980년에 Kass(1980)에 의하여 제안된 방법이다. 카이제곱 접합성 검정에 근거하여 만들어진 의사결정나무로 현재까지도 널리 사용되고 있다. CHAID 방법은 독립변수에 결측치가 존재하는 경우, 이를 하나의 범주로 간주하여 처리한다.

② Exhaustive CHAID

각 독립변수에 대해서 모든 가능한 분할을 검토하는 방법으로 CHAID 방법의 수정 방법이다. 이것은 다음에 소개하는 CRT 방법과 유사하나 지니지수 대신에 카이제곱검정을 사용하는 방법이다.

③ CRT(Classification and Regression Trees)

CRT 방법은 종속변수에 대해서 가능한 한 많이 동질적인 그룹이 속하도록 노드를 구성하는 방법을 사용한다. 종속변수에 대해서 똑같은 값을 갖는 케이스로만 이루어진 최종노드를 순수노드(pure node)라고 한다. Breiman, Friedman, Olshen과 Stone(1984) 등은 CRT를 통하여 의사결정나무 규칙에 의한 나무모형의 성장(growing), 최종모형의 선정을 위한 나무모형의 가지치기(pruning) 등을 이론적으로 정립하였다.

이 방법은 좌우 2개 가지로만 분할되는 이진분할 방법을 이용한다. 각 노드에서의 분할 규칙은 데이터가 만들어 낼 수 있는 모든 가능한 분할 규칙 중 불순도(impurity)를 최소로 하는 것을 선택한다. 불순도 함수로는 지니(Gini)지수, 엔트로피(Entropy)지수, 편차(deviance)지수 등이 있다. CRT 방법은 독립변수에 결측치가 존재하는 경우에 이 변수와 밀접한 관련성을 가지는 다른 독립변수를 이용하여 분류 작업에 이용한다. 이용되는 독립변수를 대체변수(surrogate)라고 한다.

④ QUEST(Quick, Unbiased, Efficient Statistical Tree)

QUET 방법은 CRT가 가지고 있는 변수 선택의 편의(bias)을 수정하기 위해 개발된 방법이다. Loh와 Shih(1997)에 의하여 제안되었다. CRT 방법은 변수 선택과 분할점 선택이 동시에 이루어지는데, QUSET 방법은 유의한 변수를 먼저 선택하고, 선택된 변수에 대해서 분할점을 선택한다. 연산 속도도 빠르고 예측정확도도 우수한 방법으로 알려져 있다. CRT와 마찬가지로 각 노드에서 이분할법(binary split)만을 실시한다. 종속변수가 명목형(nominal)인 경우에만 이용된다. 결측치 처리 방법은 CRT와 같다.

6.3 나무모형 선택

나무모형이 계속 분할되어 지나치게 많은 노드와 가지를 가지게 되면 해석이 복잡해질 뿐만 아니라 새로운 자료에 적용시킬 때 좋은 분류 성능을 지니고 있지 않을 가능성이 커진다. 따라서 이러한 문제를 해결하기 위해서는 적당한 크기의 나무모형을 결정하여야 한다. 이러한 방법으로는 가지치기 방법 또는 분할정지 방법이 이용된다.

① 분할정지 방법

분할정지 방법은 나무구조를 만들어 나갈 때, 각 단계마다 분할이 꼭 필요한지 아닌지 통계적 유의성을 이용하여 평가한다. 만약 분할이 필요하다면 계속 분할해나가지만, 분할이 유의하게 필요하지 않으면 분할을 정지하고 그 때까지 구해진 나무모형을 최종모형으로 채택한다. 이 방법은 빠른 시간에 나무모형을 완성할 수 있다는 장점이 있지만, 다음에 설명하는 가지치기 방법보다는 예측정확도가 떨어지는 단점이 있다. CHAID 방법에서 사용하고 있는 방법이다.

② 가지치기(pruning) 방법

가지치기 방법은 먼저 큰 규모의 나무구조를 만든 후 불필요한 가지를 제거하는 방식이다. 이 방법은 나무구조를 만들어 갈 때 각 단계마다 분할의 유의성을 평가하지 않고 계속적으로 분할해나가도록 허용한다. 하지만 궁극적으로 하위노드에 속한 관찰치의 수가 아주 적을 때 분할을 멈추게 된다. 그 결과 잠

정적으로 구해진 나무구조는 규모가 크게 될 것이다. 나무구조 중에는 불필요한 가지가 포함될 수 있다. 따라서 적절하지 않은 마디를 제거하여 적당한 크기의 나무구조를 가지는 나무모형을 최종적인 예측모형으로 선택하는 것이 바람직하다.

불순도와 최종노드의 수를 고려하여 적절한 크기의 나무구조를 찾는 방법을 사용하고 있으며, CART 방법과 QUEST 방법이 채택하고 있는 방법이다. 가지치기 방법은 분할정지 방법보다 더 우월한 나무구조를 찾아낼 수 있다는 장점이 있다. 반면에 가지치기 방법은 나무구조를 크게 만들고 나서 가지치기를 하여야 하는 방식이므로 연산이 오래 걸린다는 단점이 있다.

6.4 나무모형 절차

나무모형 절차에서 사용되는 이산형 변수에는 반드시 값 라벨(Value Labels)을 지정하도록 한다. 먼저 종속변수가 이산형인 경우와 연속형인 경우의 차이를 알기 위하여 간단한 테스트 자료를 이용하여 분석 절차를 살펴보도록 하자.

예제 6.1 다음은 SPSS 테스트 자료인 'tree_textdata.sav'의 일부 자료를 나타낸 화면이다. 변수들은 디폴트로 연속형 변수(scale)로 지정되어 있다.

〈그림 6.4.1〉 tree_testdata.sav

1 **분석 – 분류분석 – 트리** 절차를 선택한다.

〈그림 6.4.2〉 의사결정나무 대화상자

● **종속변수**로 dependent 변수를 선택하고, **독립변수**로 independent 변수를 선택한

뒤, 〈확인〉 단추를 누른다. 결과는 다음과 같다.

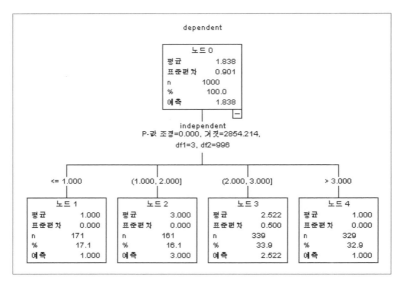

〈그림 6.4.3〉 연속변수로 지정된 경우의 나무모형 결과

【 그림 6.4.3 출력결과 】

• 각 노드는 dependent 변수의 평균, 표준편차를 보여주고 있다. 범주형 변수에서의 평균은 의미 있는 통계량이 아님을 유념하라. 표준편차가 0이라는 말은 모든 케이스의 값이 같다는 의미이다.

• 나무모형은 4개의 자식노드를 가지고 있음을 보여준다. 각 노드는 independent 변수의 각 값(1, 2, 3, 4)에 해당함을 알 수 있다.

2 데이터를 명목형으로 처리하기

• 의사결정나무 대화상자를 열어 〈재설정〉 단추를 누른 후, <그림 6.4.4>와 같이 해당 변수에서 오른쪽 마우스를 누른 후 명목형으로 바꾼다.

• 종속변수와 독립변수를 지정한 후 〈확인〉 단추를 눌러 시행한다.

결과는 <그림 6.4.5>와 같다.

〈그림 6.4.4〉 명목형 변환

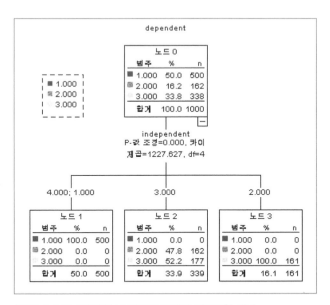

〈그림 6.4.5〉 명목변수로 지정된 경우의 나무모형 결과

【 그림 6.4.5 출력결과 】

• 각 노드는 dependent 변수의 빈도표(빈도수와 비율)를 보여준다.

- 각 노드에서 가장 빈도수가 많은 범주가 강조되어 있음을 알 수 있다. 예를 들어 자식노드 1의 경우는 범주 1이, 자식노드 2의 경우는 범주 3이 가장 많음을 알 수 있다.
- 자식노드에서는 범주 (4와 1)이 합쳐서 3개의 자식노드가 있음을 보여준다.
- 카이제곱 = 1227.627은 dependent 변수와 independent 변수(값 1과 4가 하나로 합쳐진 것)의 카이제곱값을 나타낸다. 독립성 검정에 대한 유의확률 p-값 = 0.000임을 알 수 있다. 참고로 두 변수의 분할표는 <그림 6.4.6>과 같다. 이 두 결과를 비교하여 보라.

dependent * reinden 교차표

빈도

		reinden			전체
		(1과4)	2	3	
dependent	1.00	500	0	0	500
	2.00	0	0	162	162
	3.00	0	161	177	338
전체		500	161	339	1000

카이제곱 검정

	값	자유도	점근 유의확률 (양측검정)
Pearson 카이제곱	1227.627[a]	4	.000
우도비	1546.852	4	.000
선형 대 선형결합	641.298	1	.000
유효 케이스 수	1000		

a. 0 셀 (.0%)은(는) 5보다 작은 기대 빈도를 가지는 셀입니다. 최소 기대빈도는 26.08입니다.

〈그림 6.4.6〉 분할표 결과(independent 값에서 1과 4를 합침)

예제 6.2 은행 신용자료(tree_credit.sav)가 다음과 같다. 연령(Age), 수입(Income), 신용카드 수
(Credit_cards), 교육 정도(Education), 차 대출(Car_loans)에 따라 신용 여부(Credit_rating)
를 결정짓는 나무모형을 만들어보자.

Credit_rating : 0 − bad,

1 − good

9 − No Credit History

Income　　 : 1 − Low

2 − Medium

3 − High

Credit_cards : 1 − Less than 5

2 − 5 or More

Education　 : 1 − High school

2 − College

Car_loans　 : 1 − None or 1

2 − More than 2

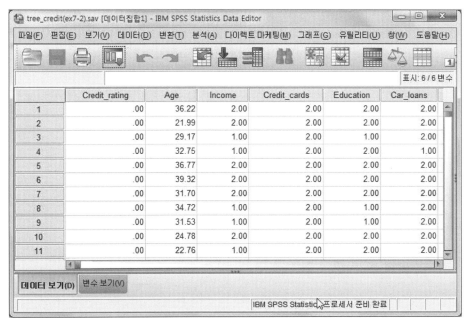

〈그림 6.4.7〉 tree_credit.sav

1 **분석 – 분류분석 – 트리** 절차를 선택한다. 확장 방법으로는 디폴트로 CHAID
를 사용하도록 하자. CHAID 방법은 각 단계에서 종속변수와 가장 큰 연관 관
계를 가지는 독립변수를 선택하며, 각 독립변수의 범주들은 종속변수에 대해서
유의하게 차이가 없다면 병합된다는 것도 기억해두도록 하자. <그림 6.4.8>과
같이 **종속변수**로 Credit_rating을 택하고, 나머지 변수들은 **독립변수**로 택하도록
한다.

〈그림 6.4.8〉 나무모형 대화상자

2 종속변수 하단의 **〈범주〉** 단추를 선택한다. 대상의 체크란에 관심 있는 타
깃 범주를 체크하도록 한다.

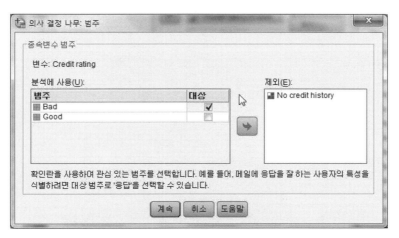

〈그림 6.4.9〉 의사결정나무: 범주

3 〈**기준**〉 단추를 선택하여 나무성장 기준을 정한다. 최대 트리 깊이 또는 최소 케이스 수를 정한다. 최소 케이스 수를 상위노드는 400, 하위노드는 200으로 해보자.

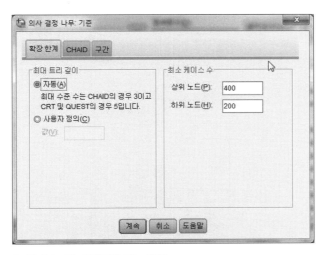

〈그림 6.4.10〉 의사결정나무: 기준

4 〈**출력결과**〉 단추를 선택하여 추가 출력결과들을 선택한다. <그림 6.4.11> **트리** 탭에서는 하단의 '표 형식의 트리'를 체크하도록 하자. <그림 6.4.12>는 **통계량** 탭 내용이다. <그림 6.4.13>은 **도표** 탭 내용이다. 여기서 '이득(Gain)'과 '지수(Index)'를 택하자. 참고로 이 그림들은 <그림 6.4.9>에서 범주를 지정한

경우에만 가능하다는 것을 명심하자.

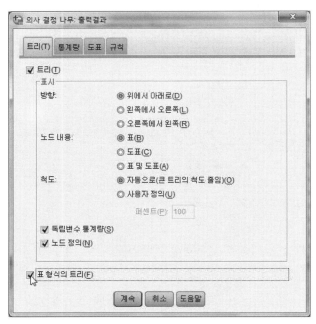

〈그림 6.4.11〉 의사결정나무: 출력결과 – 트리

〈그림 6.4.12〉 의사결정나무: 출력결과 – 통계량

〈그림 6.4.13〉 의사결정나무: 출력결과 - 도표

5 〈저장〉 단추를 선택하면 모형 예측 정보를 제공하는 변수들을 저장할 수 있다. <그림 6.4.14>와 같이 '터미널 노드 수', '예측값', '예측 확률'을 선택하여 보자.

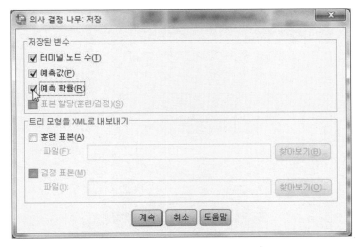

〈그림 6.4.14〉 의사결정나무: 저장

6 나무모형 출력결과는 다음과 같다.

[모형 요약]

모형 요약

지정 사항	성장방법	CHAID
	종속 변수	Credit rating
	독립 변수	Age, Income level, Number of credit cards, Education, Car loans
	타당성 검사	지정않음
	최대 트리 깊이	3
	상위 노드의 최소 케이스	400
	하위 노드의 최소 케이스	200
결과	독립변수 포함	Income level, Number of credit cards, Age
	노드 수	10
	터미널 노드 수	6
	깊이	3

〈그림 6.4.15〉 모형 요약표

● 나무모형에 대한 모형 요약표를 나타낸다.

● 나무모형에 포함된 독립변수는 Income, Credit_cards, Age 세 변수가 이용되고, 노드 수는 10개, 이 중에서 최종노드는 6개임을 알 수 있다.

[나무 모형 그림]

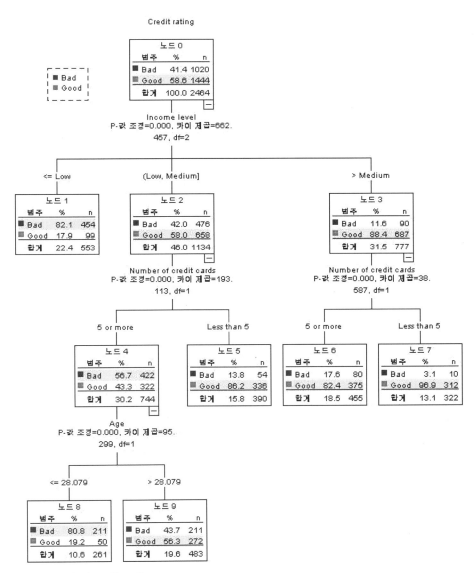

〈그림 6.4.16〉 나무모형 그림

- 나무모형을 그림으로 나타낸 나무모형 그림(tree diagram)이다.
- CHAID 방법에서 첫 번째 분류변수가 Income으로 나타난다. 따라서 Income 변수가 신용분류에서 가장 유의한 독립변수임을 알 수 있다. 노드 1은 Income=Low

인 경우로서, 최종노드이다. 82.1%가 Credit_rating=BAD임을 알 수 있다.

● Income이 Medium 또는 High인 경우에는 다음으로 고려되는 변수가 Credit_cards 이다.

● Income=Medium이고, Credit_cards=5 or More인 경우에는 다음 독립변수로 Age가 고려된다. Age가 28 이하인 경우에는 80.9%가 Credit_rating=BAD이고, 반면에 Age가 28보다 큰 경우에는 43.7%가 Credit_rating=BAD임을 알 수 있다.

【 트리 표(tree table) 】

트리 표

노드	Bad		Good		합계		예측 범주	상위 노드
	N	퍼센트	N	퍼센트	N	퍼센트		
0	1020	41.4%	1444	58.6%	2464	100.0%	Good	
1	454	82.1%	99	17.9%	553	22.4%	Bad	0
2	476	42.0%	658	58.0%	1134	46.0%	Good	0
3	90	11.6%	687	88.4%	777	31.5%	Good	0
4	422	56.7%	322	43.3%	744	30.2%	Bad	2
5	54	13.8%	336	86.2%	390	15.8%	Good	2
6	80	17.6%	375	82.4%	455	18.5%	Good	3
7	10	3.1%	312	96.9%	322	13.1%	Good	3
8	211	80.8%	50	19.2%	261	10.6%	Bad	4
9	211	43.7%	272	56.3%	483	19.6%	Good	4

성장방법: CHAID
종속변수: Credit rating

a. 조정된 Bonferroni

1차 독립변수				
변수	유의확률[a]	카이 제곱	자유도	분할 값
Income level	.000	662.457	2	<= Low
Income level	.000	662.457	2	(Low, Medium]
Income level	.000	662.457	2	> Medium
Number of credit cards	.000	193.113	1	5 or more
Number of credit cards	.000	193.113	1	Less than 5
Number of credit cards	.000	38.587	1	5 or more
Number of credit cards	.000	38.587	1	Less than 5
Age	.000	95.299	1	<= 28.079
Age	.000	95.299	1	> 28.079

⟨그림 6.4.17⟩ 트리 표(tree table)

- 나무모양 그림의 정보를 트리표로 나타낸 것이다.
- 각 노드의 정보는 종속변수인 Credit_rating의 케이스의 비율을 나타낸다.
- 각 노드의 예측범주는 50% 이상의 값을 갖는 범주를 나타낸다. 예를 들어 노드 1의 경우에는 Credit_rating=BAD인 경우가 82.1%이고, Credit_rating=Good인 경우가 17.9%이므로 노드 1의 예측범주는 Bad가 된다.
- 1차 독립변수의 변수는 노드를 분리할 때 사용된 변수이다. 카이제곱 = 662.457 값은 두 범주형 변수인 Credit_rating와 Income 간의 카이제곱값을 의미한다.

[노드에 대한 이익(Gains for Nodes)]

대상 범주: Bad

노드에 대한 이익

노드	노드		이득		응답	지수
	N	퍼센트	N	퍼센트		
1	553	22.4%	454	44.5%	82.1%	198.3%
8	261	10.6%	211	20.7%	80.8%	195.3%
9	483	19.6%	211	20.7%	43.7%	105.5%
6	455	18.5%	80	7.8%	17.6%	42.5%
5	390	15.8%	54	5.3%	13.8%	33.4%
7	322	13.1%	10	1.0%	3.1%	7.5%

성장방법: CHAID
종속변수: Credit rating

〈그림 6.4.18〉 노드에 대한 이익

- 노드에 대한 이익은 최종노드에서의 정보를 요약해서 제공하고 있다. 최종노드는 나무모형에서의 분류 결과를 표시하고 있다.
- 노드 N은 각 최종노드에서의 케이스 수를 나타내고, 노드 퍼센트는 전체 케이스에 대한 비율을 표시한다.
- 이득 N은 타깃 범주의 케이스 수를 나타낸다. <그림 6.4.9> 범주에서 Credit_rating = BAD를 대상으로 선택했음을 기억하라.

이득 퍼센트는 Credit_rating＝Bad인 전체 케이스(노드 0의 1020) 중에서 각 노드에서 범주 Bad가 차지하는 케이스(노드 1의 경우 454)의 비율을 의미한다. 노드 1의 경우에는 454/1020*100 = 44.5%가 된다. 응답은 각 노드에서 Credit_rating＝Bad라고 응답한 비율(노드 1의 경우 454/553*100=82.1%)이다. 지수는 각 노드에서 타깃 범주가 차지하는 비율을 전체 케이스 중 타깃 범주가 차지하는 비율로 나눈 값이다. 노드 1의 경우에는 82.1/41.4 *100 = 198%가 된다. 여기서 지수가 100%가 넘는 경우는 타깃 범주가 전체 케이스에서 차지하는 비율보다 노드에서 타깃 범주가 차지하는 비율이 크다는 것을 의미한다.

【 이익 도표(Gains Chart) 】

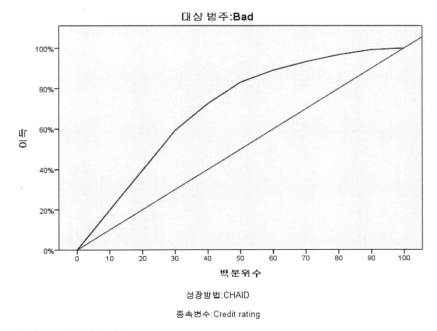

〈그림 6.4.19〉 이익 도표

● 이익 도표는 0%에서 시작하여 100%로 끝나는 도표이다. 좋은 모형일수록 급격하게 증가하게 된다. 대각선에 가까울수록 모형에서 주는 정보가 없음을 의미한다. 이 경우에는 구해진 나무모형이 좋은 모형임을 나타낸다.

【 지수 도표(Index Chart) 】

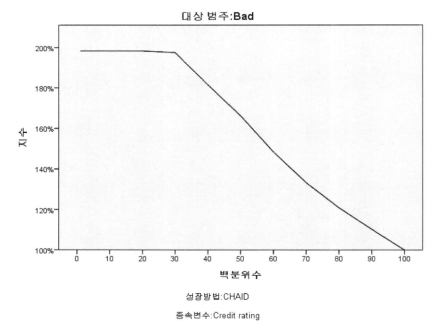

〈그림 6.4.20〉 지수 도표

● 누적지수 도표를 나타낸다. 누적지수 도표는 100% 위에서 시작하여 100%에
로 서서히 떨어지는 도표이다. 좋은 모형일수록 100%보다 높은 위치에서 출발
하여 머물다가 100%로 급격하게 떨어진다. 정보 능력이 없는 모형일수록 100%
주변에서 맴돌게 된다. 지수 도표에서 살펴볼 때 구해진 모형은 좋은 모형임을
알 수 있다.

【 위험도(Risk Estimate)와 분류(Classification) 】

위험도

추정값	표준오차
.205	.008

성장방법: CHAID
종속변수: Credit rating

분류

감시됨	예측		
	Bad	Good	정확도(%)
Bad	665	355	65.2%
Good	149	1295	89.7%
전체 퍼센트	33.0%	67.0%	79.5%

성장방법: CHAID
종속변수: Credit rating

〈그림 6.4.21〉 위험도

● 위험도 추정값 0.205는 추정된 모형에 의해 예측된 케이스 중에서 20.5%가 잘못 예측되었음을 의미한다. 따라서 고객 중에서 약 21%가 잘못 분류된다는 것을 알 수 있다. 분류표에서 볼 때 79.5%가 잘 분류된 것과 일치한다는 것을 알 수 있다.

● 분류표에서 보면 Bad인 경우 65.2%가 잘 분류되고, 34.8%가 잘못 분류된 것을 알 수 있다. 반면에 Good인 경우에는 89.7%가 잘 분류된 것을 보여준다.

[예측값]

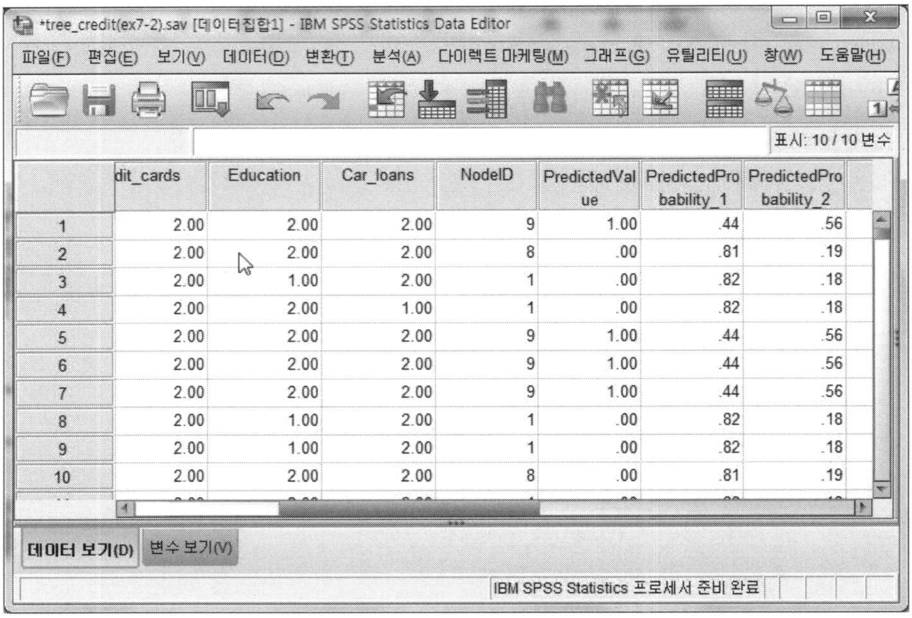

〈그림 6.4.22〉 저장된 예측값

● <그림 6.4.14>의 저장에 의해 데이터 편집기에 저장된 변수들이다.

● NodeID는 각 케이스에 대한 최종노드를 나타낸다.

● PredictedValue는 각 케이스에 대한 종속변수의 예측값이다. 여기서 0은 Bad를 1은 Good을 나타낸다.

● PredictedProbability는 종속변수의 각 범주의 예측값에 대한 확률이다.

　PredictedProbability_1은 Bad일 확률이고, PredictedProbability_2는 Good일 확률 이다. 각 케이스는 더 큰 값을 갖는 범주로 분류됨을 알 수 있다.

7　모형 재조명

　나무모형 결과를 보면 전체적으로 약 79.5%의 성공 분류율을 나타내는 것을 알 수 있다. 여기서 <그림 6.4.16> 나무모형 그림의 최종노드를 살펴보면 전체 적으로 성공률이 높은 데 비해 노드 9의 경우에는 예측된 신용도가 Good이지만 약 56%만이 실제로 신용도가 Good인 것임을 알 수 있다. 따라서 이 노드에 속한 케이스 중에서 약 44%의 케이스는 신용도가 Bad임에도 불구하고 Good으로 판정되는 오류를 범할 수 있다. 노드 9만을 좀 더 자세히 살펴보도록 하자.

● 먼저 <그림 6.4.16>나무모형 그림을 더블클릭하여 트리 편집기로 들어간다.

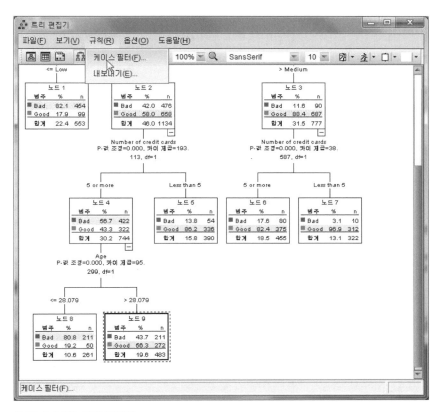

〈그림 6.4.23〉 트리 편집기

● 노드 9를 클릭한다. 여러 개의 노드를 선택하는 경우에는 Ctrl키를 누른 채로 클릭하면 된다.

● <그림 6.4.23>과 같이 **규칙 - 케이스 필터**를 선택한다. 디폴트 필터 변수는 filter_$이다(<그림 6.2.24>). 선택된 노드의 경우에는 fileter_$=1의 값이 된다. <그림 6.4.25> 데이터 편집기에 들어가면 노드 9에 속한 케이스 이외는 제외가 되어 있음을 알 수 있다.

〈그림 6.4.24〉 케이스 필터

	Income	Credit_cards	Education	Car_loans	NodeID	PredictedVal ue	Predicted bability_
1	2.00	2.00	2.00	2.00	9	1.00	
2	2.00	2.00	2.00	2.00	8	.00	
3	1.00	2.00	1.00	2.00	1	.00	
4	1.00	2.00	2.00	1.00	1	.00	
5	2.00	2.00	2.00	2.00	9	1.00	
6	2.00	2.00	2.00	2.00	9	1.00	
7	2.00	2.00	2.00	2.00	9	1.00	
8	1.00	2.00	1.00	2.00	1	.00	
9	1.00	2.00	1.00	2.00	1	.00	
10	2.00	2.00	2.00	2.00	8	.00	

〈그림 6.4.25〉 필터 케이스 보기

● 노드 9의 케이스를 검사하기 위해 나무모형 분석에서 제외된 변수들과의 관계를 알아보도록 하자. 분석에서 제외된 변수들은 Education과 Car_loans이므로 이들과의 분할표를 통하여 알아보는 것도 좋다.

● **분석 – 기술통계량 – 교차분석** 절차를 선택한다. 〈그림 6.4.26〉과 같이 행변수와 열변수를 정한 다음, 〈**셀**〉 단추를 눌러 **행** 퍼센트를 택하도록 하자.

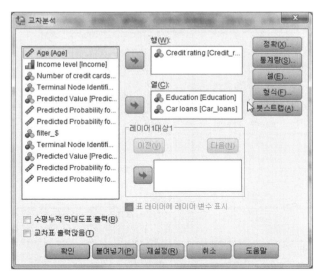

〈그림 6.4.26〉 교차분석

〈그림 6.4.27〉 교차분석:셀

● 분할표 결과를 보면 Education과 Credit_rating은 유의한 차이가 있어 보이지 않고, Car_loans의 경우에는 Credit_rating이 Bad이거나 Good인 경우 모두 대부분의 케이스가 Car_loans=More than 2에 있음을 알 수 있다. 따라서 노드 9의 예측력을 향상시킬 수 있는 변수는 현재의 목록에는 없음을 확인할 수 있다.

Credit rating * Education 교차표

			Education		전체
			High school	College	
Credit rating	Bad	빈도	110	101	211
		Credit rating 중 %	52.1%	47.9%	100.0%
	Good	빈도	128	144	272
		Credit rating 중 %	47.1%	52.9%	100.0%
전체		빈도	238	245	483
		Credit rating 중 %	49.3%	50.7%	100.0%

Credit rating * Car loans 교차표

			Car loans		전체
			None or 1	More than 2	
Credit rating	Bad	빈도	18	193	211
		Credit rating 중 %	8.5%	91.5%	100.0%
	Good	빈도	39	233	272
		Credit rating 중 %	14.3%	85.7%	100.0%
전체		빈도	57	426	483
		Credit rating 중 %	11.8%	88.2%	100.0%

〈그림 6.4.28〉 분할표 결과

8 오분류 비용

이제 오분류 비용을 재설정해 예측범주를 다시 설정하여 보자. 오분류 비용은 Bad를 Good으로 판정하는 오류와 Good을 Bad로 판정하는 오류의 비용이 다른 경우에 사용될 수 있다. 먼저 데이터를 모두 택하기 위해 **데이터 – 케이스 선택** 절차를 선택하여 모든 케이스를 선택하도록 하자.

- <그림 6.4.29>는 나무모형 대화상자에서 **〈옵션〉** 단추를 선택한 후, **오분류 비용** 탭을 선택한 화면이다. 사용자 정의에서 Bad를 Good으로 오분류한 비용을 2배로 설정하고 수행한 결과는 <그림 6.4.30>, <그림 6.3.31>과 같다.

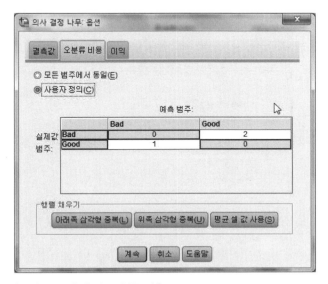

〈그림 6.4.29〉 옵션: 오분류 비용

• <그림 6.4.30>은 오분류 비용을 조정한 경우의 나무모양 그림이다. <그림 6.4.16>과는 달리 노드 9의 판정이 Bad로 판정이 된 차이점을 발견할 수 있다. 이러한 예측범주의 변화는 <그림 6.4.31>의 위험도와 분류표에도 반영됨을 확인할 수 있다. Bad인 경우 성공 분류율이 65%이던 것이 86%로 올라가고, 반면에 Good의 경우에는 90%에서 71%로 떨어졌음을 확인할 수 있다. 여기서 우리는 오분류 비용을 조정해 한쪽 범주의 성공률을 높일 수 있음을 확인할 수 있다. 반면에 다른 범주의 성공률은 떨어진다는 사실을 염두에 두기 바란다.

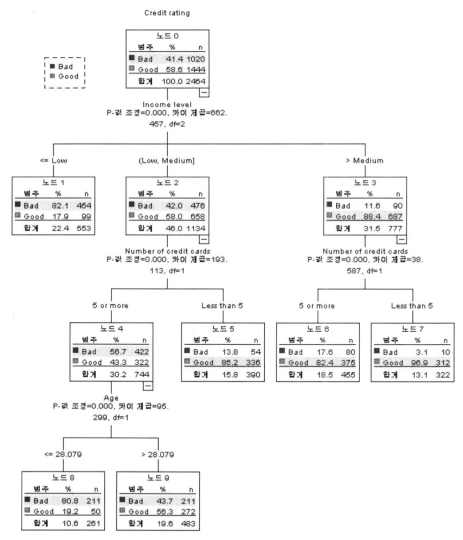

〈그림 6.4.30〉 나무모형 그림: 오분류 비용 조정

위험도

추정값	표준오차
.288	.011

성장방법: CHAID
종속변수: Credit
rating

분류

감시됨	예측		
	Bad	Good	정확도(%)
Bad	876	144	85.9%
Good	421	1023	70.8%
전체 퍼센트	52.6%	47.4%	77.1%

성장방법: CHAID
종속변수: Credit rating

〈그림 6.4.31〉 위험도와 분류표: 오분류 비용 조정

예제 6.3   차 판매 자료가 다음과 같다(tree_car.sav). 변수 car(차 가격)를 종속변수로 한 나무모형을 만들고, 이를 이용하여 다른 차 판매 자료(tree_score_car.sav)에 적용하여보자.

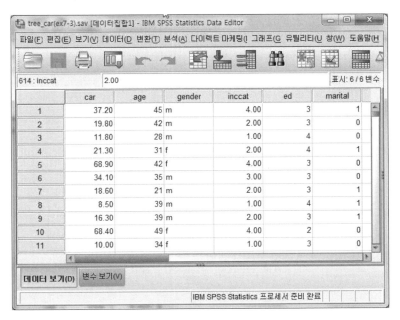

〈그림 6.4.32〉 tree_car.sav

1 **분석 – 분류분석 – 트리** 절차를 선택한다. <그림 6.4.33> 대화상자에서 **종속변수**로 Car를 택하고 다른 변수들은 **독립변수**로 택한다. 여기서는 **확장 방법**으로 CRT를 쓰기로 하자.

〈그림 6.4.33〉 의사결정나무 대화상자

2 〈출력결과〉 단추를 선택한 후, **규칙** 탭을 누른다. **분류 규칙 생성**을 선택하고, 하단에 파일을 지정한다.

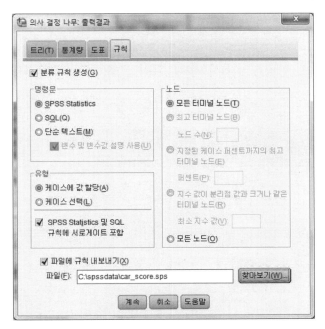

〈그림 6.4.34〉 출력결과 – 규칙

[3] 출력결과는 다음과 같다.

● 모형 요약: CRT 방법을 이용한 나무모형의 요약표를 보여준다. 최대 트리 깊이는 5이고, 노드 수는 29, 이 중에서 최종노드는 15개임을 알 수 있다.

모형 요약

지정 사항	성장방법	CRT
	종속 변수	Price of primary vehicle
	독립 변수	Age in years, Gender, Income category in thousands, Level of education, Marital status
	타당성 검사	지정않음
	최대 트리 깊이	5
	상위 노드의 최소 케이스	100
	하위 노드의 최소 케이스	50
결과	독립변수 포함	Income category in thousands, Age in years, Level of education
	노드 수	29
	터미널 노드 수	15
	깊이	5

〈그림 6.4.35〉 모형 요약표

● 트리 편집기: 출력창의 트리 다이어그램을 선택한 뒤 더블클릭하면 트리 편집기
(<그림 6.4.36>)로 들어간다. 여기서 **보기-트리 지도**를 선택하면 <그림 6.4.37>과
같이 트리 지도가 열리며, 여기서 원하는 부분을 택하면 선택한 부분이 화면에 나
타남을 알 수 있다. 일반적으로 나무모형이 크므로 유용하게 이용되는 방법이다.

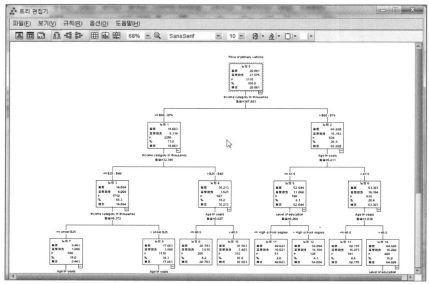

〈그림 6.4.36〉 트리 편집기

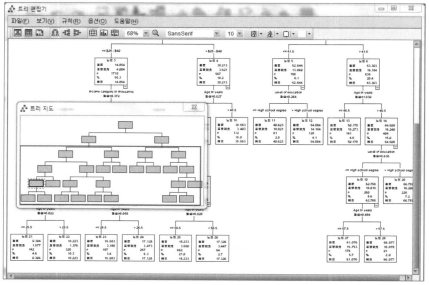

〈그림 6.4.37〉 트리 지도

4 스코어링(scoring) 작업

이제 다른 데이터 파일(tree_score_car.sav)에 생성한 나무모형 규칙을 적용하여 차 가격의 예측값을 구해보도록 하자. 이와 같은 작업을 스코어링(scoring)이라 부르며, 나무모형의 가장 큰 용도 중의 하나이다.

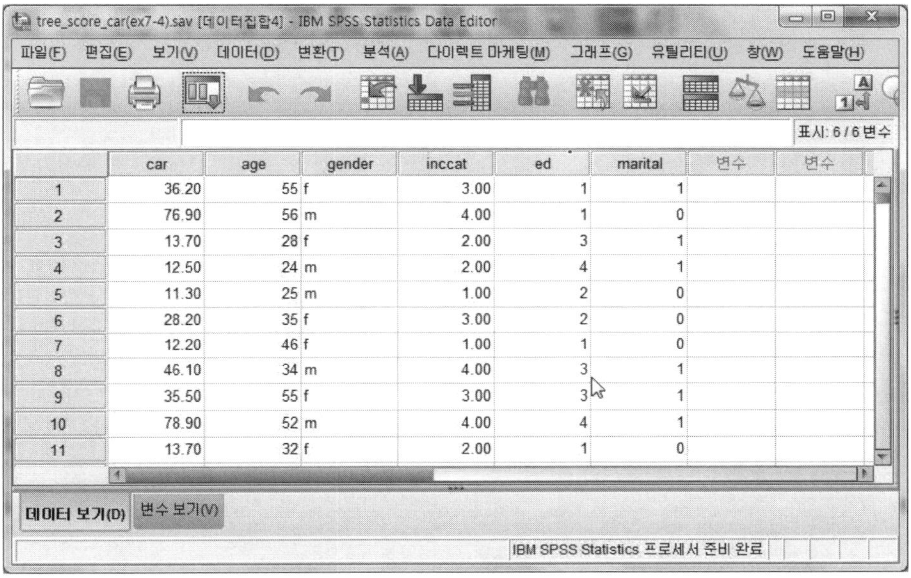

	car	age	gender	inccat	ed	marital	변수	변수
1	36.20	55	f	3.00	1	1		
2	76.90	56	m	4.00	1	0		
3	13.70	28	f	2.00	3	1		
4	12.50	24	m	2.00	4	1		
5	11.30	25	m	1.00	2	0		
6	28.20	35	f	3.00	2	0		
7	12.20	46	f	1.00	1	0		
8	46.10	34	m	4.00	3	1		
9	35.50	55	f	3.00	3	1		
10	78.90	52	m	4.00	4	1		
11	13.70	32	f	2.00	1	0		

〈그림 6.4.38〉 tree_score_car.sav

- 스코어링 작업을 위하여 <그림 6.4.34>에서 생성한 명령문 파일을 불러온다. **파일 – 열기 – 명령문** 절차를 수행한 후, <그림 6.4.40>과 같이 **실행 – 모두** 절차를 수행하면 된다.

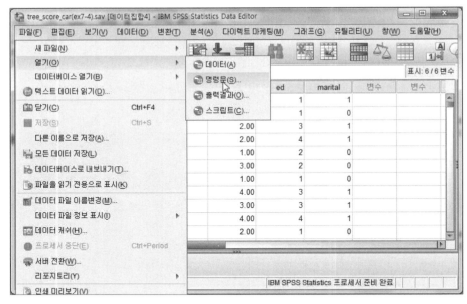

〈그림 6.4.39〉 파일 - 열기 - 명령문 절차

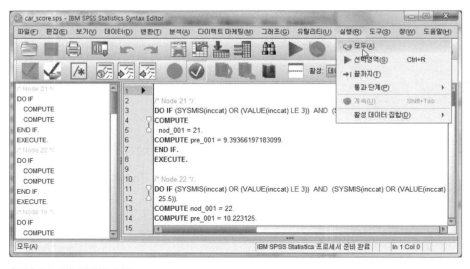

〈그림 6.4.40〉 명령문 수행

• 나무모형을 적용한 결과는 다음과 같다. node_001은 각 케이스가 예측된 소속 노드번호이고, pre_001은 각 케이스의 차 가격에 대한 예측값이다. 여기서 같은 노드에 속한 차 가격의 예측값은 동일하다는 것을 명심하라. 예를 들어 노드 10에 속한 차 가격은 30.56이고, 노드 24에 속한 차 가격은 17.13이 된다.

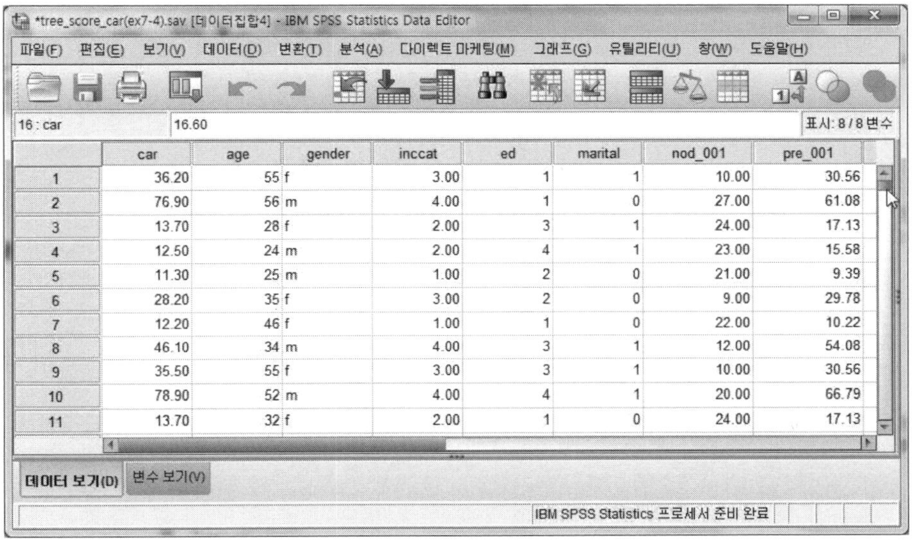

	car	age	gender	inccat	ed	marital	nod_001	pre_001
1	36.20	55	f	3.00	1	1	10.00	30.56
2	76.90	56	m	4.00	1	0	27.00	61.08
3	13.70	28	f	2.00	3	1	24.00	17.13
4	12.50	24	m	2.00	4	1	23.00	15.58
5	11.30	25	m	1.00	2	0	21.00	9.39
6	28.20	35	f	3.00	2	0	9.00	29.78
7	12.20	46	f	1.00	1	0	22.00	10.22
8	46.10	34	m	4.00	3	1	12.00	54.08
9	35.50	55	f	3.00	3	1	10.00	30.56
10	78.90	52	m	4.00	4	1	20.00	66.79
11	13.70	32	f	2.00	1	0	24.00	17.13

〈그림 6.4.41〉 스코어링 결과

연습문제 exercise

6.1 두 종류의 농작물벼룩(flea beetle)에 대하여 다음의 네 가지 변수의 값을 측정하였다.

$x_1 = $ 앞가슴의 가늘고 긴 홈의 길이(단위: microns)

$x_2 = $ 굳은 날개의 길이(단위: 0.01mm)

$x_3 = $ 두 번째 더듬이 관절의 길이(단위: microns)

$x_4 = $ 세 번째 더듬이 관절의 길이(단위: microns)

다음 표본 데이터를 이용하여 임의로 잡힌 벼룩이 어떤 종류의 벼룩인지 식별하기 위한 나무모형 분석을 실시하고, 결과를 해석하시오.

〈두 종류의 농작물벼룩에 관한 네 가지 변수의 표본 데이터〉

	Haltica oleracea					Haltica carduorum			
No.	x_1	x_2	x_3	x_4	No.	x_1	x_2	x_3	x_4
1	189	245	137	163	1	181	305	184	209
2	192	260	132	217	2	158	237	133	188
3	217	276	141	192	3	184	300	166	231
4	221	299	142	213	4	171	273	162	213
5	171	239	128	158	5	181	297	163	224
6	192	262	147	173	6	181	308	160	223
7	213	278	136	201	7	177	301	166	221
8	192	255	128	185	8	198	308	141	197
9	170	244	128	192	9	180	286	146	214
10	210	276	146	186	10	177	299	171	192
11	195	242	128	192	11	176	317	166	213
12	205	263	147	192	12	192	312	166	209
13	180	252	121	167	13	176	285	141	200
14	192	283	138	183	14	169	287	162	214
15	200	294	138	188	15	164	265	147	192
16	192	277	150	177	16	181	308	157	204
17	200	287	136	173	17	192	276	154	207
18	181	255	146	183	18	181	278	149	235
19	192	287	141	198	19	175	271	140	192
					20	197	303	170	205

(출처: A.A. Lubischew, "On the use of discriminant functions in taxonomy," *Biometrics*, 18, 1962, pp.455~477.)

6.2   다음은 1986년도 미국 메이저리그 야구기록(http://stat.cmu.edu/DASL) 중에서 투수
기록 자료 중 50개를 임의로 택한 자료이다. 연봉에 영향을 미칠 수 있는 변수
로서 고려한 변수들은 (승수, ⋯ , 총구원승수)의 13개로 마지막 변수는 87년도
연봉자료이다. 자료를 3등분한 뒤, 처음 두 자료를 이용하여 연봉자료를 예측할
수 있는 나무모형 분석을 실시하고, 적합된 나무모형을 이용하여 나머지 자료
의 연봉을 예측하여 보시오.

〈미국 메이저리그 1986년도 투수 기록 자료(일부)〉

번호	승수	패수	방어율	게임수	이닝수	구원승	경력 연수	총승수	총패수	총방어율	총게임	총이닝	총구원승	연봉87
1	1	2	5.01	4	23.1	0	2	1	2	4.97	8	29.00	0	62.50
2	7	4	5.05	16	87.1	0	1	7	4	5.05	16	87.10	0	70.00
3	3	7	4.94	14	82.0	0	2	5	7	4.66	18	104.10	0	77.50
4	7	3	2.50	61	68.1	7	1	7	3	2.50	61	68.10	7	80.00
5	7	8	4.10	27	131.2	0	1	7	8	4.10	27	131.20	0	85.00
6	2	4	2.51	58	79.0	7	1	2	4	2.51	58	79.00	7	92.50
7	3	6	3.38	38	53.1	16	7	26	26	3.97	202	390.00	52	95.00
8	11	8	3.65	23	145.1	0	1	11	8	3.65	23	145.10	0	100.00
9	9	15	4.54	29	172.1	0	2	12	17	4.26	34	205.00	0	107.50
10	11	2	2.59	61	93.2	7	2	15	4	3.07	72	138.00	7	110.04
11	12	14	4.23	32	202.1	0	2	13	14	4.36	37	212.20	0	115.00
12	8	6	3.58	80	98.0	8	1	8	6	3.58	80	98.00	8	120.00
13	3	4	3.79	46	97.1	5	4	9	8	3.98	106	221.20	8	125.00
14	10	10	2.78	70	136.0	5	2	10	12	2.68	91	171.00	10	125.00
15	13	9	4.42	33	175.0	0	2	17	13	4.32	48	260.20	0	135.00
16	13	9	3.45	29	198.0	0	4	22	18	4.43	76	361.20	0	150.00
17	11	17	4.53	37	216.1	1	6	21	45	4.91	101	507.10	1	170.00
18	11	11	3.88	27	162.1	0	4	33	21	3.91	90	457.20	0	218.00
19	7	4	4.33	27	135.0	0	5	25	35	4.31	110	532.00	0	280.00
20	9	5	3.35	63	91.1	27	5	15	9	3.34	132	191.10	43	291.00
21	10	5	2.65	48	142.2	2	6	20	23	3.44	142	455.10	5	292.50
22	20	11	2.79	34	248.1	0	2	35	19	3.30	66	460.20	0	300.00

번호	승수	패수	방어율	게임수	이닝수	구원승	경력 연수	총승수	총패수	총방어율	총게임	총이닝	총구원승	연봉87
23	7	10	4.94	33	144.0	0	4	32	42	3.98	127	680.00	0	305.00
24	16	6	3.52	32	204.1	1	4	31	22	3.29	75	470.20	1	308.00
25	8	6	3.82	65	103.2	13	4	37	48	4.35	157	639.00	14	350.00
26	12	14	4.85	37	239.1	0	3	36	38	4.43	96	591.00	0	370.00
27	7	15	4.08	33	198.2	1	5	39	56	4.64	154	785.10	8	400.00
28	5	7	2.99	67	84.1	4	6	22	44	4.36	221	534.10	11	415.00
29	14	7	4.54	34	206.0	0	6	45	38	4.46	144	746.10	1	425.00
30	24	4	2.48	33	254.0	0	3	40	13	3.15	69	485.20	0	500.00
31	13	14	4.77	34	198.0	0	5	56	59	4.19	148	977.00	0	540.00
32	7	5	3.73	24	101.1	0	7	45	45	3.82	190	829.10	4	550.00
33	9	11	3.07	26	161.1	0	5	50	43	3.06	169	821.10	10	575.00
34	18	5	2.57	32	217.1	0	7	62	44	3.83	172	935.20	1	625.00
35	4	7	2.73	54	56.0	33	7	38	29	2.61	361	526.20	100	650.00
36	13	8	2.99	25	174.1	0	7	55	54	4.31	171	1004.00	0	700.00
37	6	6	3.71	60	80.0	11	6	29	28	2.76	295	424.00	63	725.00
38	4	4	3.93	48	68.2	5	12	44	52	3.22	537	847.00	124	750.00
39	14	14	3.85	35	231.1	0	4	44	25	2.85	124	668.20	3	800.00
40	7	9	3.94	62	89.0	35	8	42	46	2.80	456	666.00	162	825.00
41	16	13	4.51	37	245.2	0	5	63	64	4.38	165	1090.00	0	830.00
42	7	12	4.74	37	205.0	1	8	102	92	3.34	259	1859.10	1	850.00
43	15	12	3.38	37	244.2	0	8	87	73	3.43	213	1430.20	0	900.00
44	8	6	2.33	58	81.0	21	7	44	38	2.48	314	518.10	91	925.00
45	5	10	4.66	20	116.0	0	8	98	74	3.58	227	1504.10	0	975.00
46	5	7	4.45	45	64.2	21	15	101	89	2.87	725	1482.00	278	1000.0
47	5	10	4.71	19	105.0	0	10	94	83	3.37	277	1611.10	4	1200.00
48	17	6	2.84	33	250.0	0	3	58	19	2.28	99	744.20	0	1500.00
49	5	14	4.64	28	176.2	0	10	86	68	3.84	251	1416.20	6	1800.00
50	21	8	3.27	35	267.0	0	10	144	94	3.58	302	2123.10	0	1850.00

6.3   세 종류의 수컷 벼룩(male flea beetles)에 대하여 다음의 데이터를 얻었다. 여기서 x_1, x_2는 각각

$$x_1 = \text{음경(aedeagus)의 최대 두께(단위: microns)}$$
$$x_2 = \text{음경의 앞 각도(front angle) (단위: } 7.5°)$$

를 의미한다. 세 종류의 벼룩을 구분하기 위한 나무모형 분석을 실시하고, 결과를 해석하시오.

〈세 종류의 벼룩에 관한 표본 데이터〉

C. concinna		C. heikertingeri		C. heptapotamica	
x_1	x_2	x_1	x_2	x_1	x_2
150	15	120	14	145	8
147	13	123	16	140	11
144	14	130	14	140	11
144	16	131	16	131	10
153	13	116	16	139	11
140	15	122	15	139	10
151	14	127	15	136	12
143	14	132	16	129	11
144	14	125	14	140	10
142	15	119	13	137	9
141	13	122	13	141	11
150	15	120	15	138	9
148	13	119	14	143	9
154	15	123	15	142	11
147	14	125	15	144	10
137	14	125	14	138	10
134	15	129	14	140	10
157	14	130	13	130	9
149	13	129	13	137	11
147	13	122	12	137	10
148	14	129	15	136	9
		124	15	140	10
		120	13		
		119	16		

C. concinna		C. heikertingeri		C. heptapotamica	
x_1	x_2	x_1	x_2	x_1	x_2
		119	14		
		133	13		
		121	15		
		128	14		
		129	14		
		124	13		
		129	14		

(출처: A.A. Lubischew, "On the use of discriminant functions in taxonomy," *Biometrics*, 18, 1962, pp.455~477.)

7

신경망

Neural Networks

Advanced IBM SPSS

신경망

신경망은 인간의 뇌 시스템처럼 뉴런이 서로 연결된 상황에서 의사결정이 이루어지고 있는 구조를 이용한 것이다. 기존의 방법인 회귀분석, 판별분석, 군집분석 등과 기본적으로 비슷하지만 학습 능력을 갖는다는 점이 다르다. 또한 통계적 기본 가정이 적고 유연하다. 따라서 복잡하고 다양한 변수들을 대상으로 범주형이나 연속형의 구별 없이 때론 비선형이라도 해답을 구할 수 있다. 신경망은 미래의 상황이 발생할 확률을 계산하거나 판별분석, 회귀분석처럼 특정 값의 추정에 이용된다. 단점은 결과 도출 과정이 명확하지 않다는 점인데, 결과값이 결과의 도출 과정보다 중요한 경우 사용 가능하다.

7.1 신경망의 종류와 평가

인공신경망은 다중 레이어 인식(Multi-Layer Perceptron: MLP), 방사형 기본함수 (Radial Basis Function: RBF)가 있다. 그 외 코헨 네트워크(Cohen Network) 등 다양한 종류가 있지만 SPSS에서 지원하는 두 가지 방법을 주로 설명한다.

7.1.1 다중 레이어 인식(MLP)

MLP는 인공신경망의 대표적인 것으로 가장 많이 쓰이는 방법이다. 기본적으로 입력노드, 은닉노드, 출력노드로 구성되고 입력층 뉴런(변수)으로부터 전달되는 신호를 모아 선형결합을 수행한다. 즉, $X_1, \cdots, X_p$를 설명변수(입력노드)라고 할 때 뉴런은 다음 신호를 전달받는다.

$$L = \omega_1 X_1 + \cdots + \omega_P X_P$$

여기서 $w_1, \cdots, w_p$는 시냅스(synapse)에 붙는 가중값이다. L이 클수록 뉴런이 크게 활성화되고, 그 활성화 정도를 S라고 하자. S가 제한된 범위의 값을 취하도록 시그모이드(sigmoid) 또는 쌍곡 탄젠트(hyperbolic tangent) 변환을 사용한다.

- 시그모이드(로지스틱): $S = e^L/(1+e^L), \ 0 \le S \le 1$
- 쌍곡 탄젠트: $S = (e^L - e^{-L})/(e^L + e^{-L}), \ -1 \le S \le 1$

출력노드는 은닉 뉴런으로부터 오는 신호들을 가중치로 결합하여 최종 반응을 결정하는데, 종속변수가 범주형인 경우에는 각 범주별 출력값이 모두 0과 1 사이에 오도록

- 소프트맥스(softmax): $O_k = \dfrac{\exp(L_k)}{\sum\limits_{j=1}^{K} \exp(L_j)}, \qquad k = 1, \cdots, K$

변환이 적용된다(여기서 K는 출력 범주 수이다).

7.1.2 방사형 기본 함수(RBF)

RBF망은 신호를 처리하는 방식이 MLP와 다르다. MLP에서는 입력노드(변수)로부터 전달되는 신호들을 선형결합하지만, RBF에서는 중심신호와의 거리에 역비례하는 강도로 변환한다. 즉, $X_1, \cdots, X_p$를 설명변수라고 할 때 특정 뉴런은 다음과 같이 p개의 입력노드로부터 받는 신호에 반응한다.

$$R = \exp\left(-\frac{1}{2\sigma^2}(X_1 - \mu_1)^2 + \cdots + (X_p - \mu_p)^2\right)$$

여기서 $\mu_1, \cdots, \mu_p$는 각 신호의 중심값이다. R이 클수록 뉴런이 크게 활성화됨을 의미한다. 출력노드는 은닉 뉴런으로부터 오는 신호들을 가중치로 결합한다. 즉,

$$L = w_1 R_1 + \cdots + w_J R_J.$$

여기서 $R_1, \cdots, R_J$는 은닉 뉴런들의 활성화 정도이다(J는 은닉 뉴런의 수).

7.1.3 평가

신경망에의 적합은 우도함수(likelihood function)를 역전파 알고리즘 (back-propagation algorithm)으로 최대화하여 얻어진다. 이 알고리즘은 학습률(learning rate)과 모멘트 (moment)의 두 지표를 조합하여 효율적인 계산을 수행한다. 학습률은 경사가 가장 높아지는 방향에 주는 강도를 말하며, 모멘트는 과거 이동 방향에 주는 강도를 의미한다.

신경망 적합 알고리즘은 임의의 위치에서 시작하되 처음에는 큰 학습률을 적용하여 적극적으로 최고점을 탐색하고 점차 학습률을 줄여 최고점이라고 생각되는 곳에 도달한다. 또 다른 임의의 위치에서 시작하고 동일한 과정을 반복하여 가장 높은 최고점을 취하게 된다. 이러한 방식은 훈련자료(training sample)에서만 통하는 모형이 구축될 수 있는 단점이 있다. 따라서 훈련자료와 다른 별도의 자료에서 값을 산출해볼 필요가 있으며, 여기에 쓰이는 표본을 검정표본(test sample)이

라고 한다. 더 나아가 구축된 신경망의 성능을 공정하게 평가하기 위해서는 훈련표본이나 검정표본과 겹치지 않는 또 하나의 검증표본(hold-out sample)이 필요하다.

통상적으로 주어진 자료의 70%를 훈련표본으로 쓰고 나머지 30%는 검정표본으로 쓰게 되지만, 그 비율은 자료 분석자가 임의로 조정할 수 있다.

7.2 MLP 신경망 사례

칠면조 자료(<그림 7.2.1>)는 뼈의 골격을 이용하여 야생 칠면조(type=1)와 기르는 칠면조(type=2)를 비교한 것이다. id를 제외한 9개의 각 변수는 특정 뼈의 길이를 나타내고 있으며, type은 종속변수이다. 특정 뼈의 길이들로 야생 칠면조인지 기르는 칠면조인지 알 수 있을까?

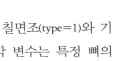

	ID	HUM	RAD	ULN	FEMUR	TIN	CAR	D3P	COR	SCA	TYPE	변.
1	1	153	140	147	142	151	817	305	102	128	1	
2	2	156	137	151	146	155	814	305	111	137	1	
3	3	158	135	151	146	152	790	289	111	125	1	
4	4	148	129	146	139	147	767	287	106	123	1	
5	5	157	140	154	140	159	818	301	116	136	1	
6	6	153	138	153	141	151	822	312	115	133	1	
7	7	156	138	156	145	150	835	310	118	133	1	
8	8	153	135	150	144	158	772	276	102	123	1	
9	9	152	140	151	144	158	792	303	111	122	1	
10	10	147	130	144	136	145	765	289	108	131	1	
11	11	154	138	155	142	153	827	315	111	128	1	
12	12	154	138	154	138	155	802	287	111	132	1	
13	13	161	131	150	140	151	816	301	112	134	1	
14	14	140	126	137	123	141	770	290	95	118	1	
15	15	142	131	140	128	131	800	250	95	122	2	
16	16	148	130	145	133	141	800	290	98	124	2	

〈그림 7.2.1〉 칠면조.sav(일부)

1 MLP 신경망 분석의 수행 절차는 다음과 같다.

분석 – 신경망 – 다중 레이어 인식 절차(<그림 7.2.2>)를 수행하면 <그림 7.2.3> 다중 레이어 인식 대화상자가 나타난다.

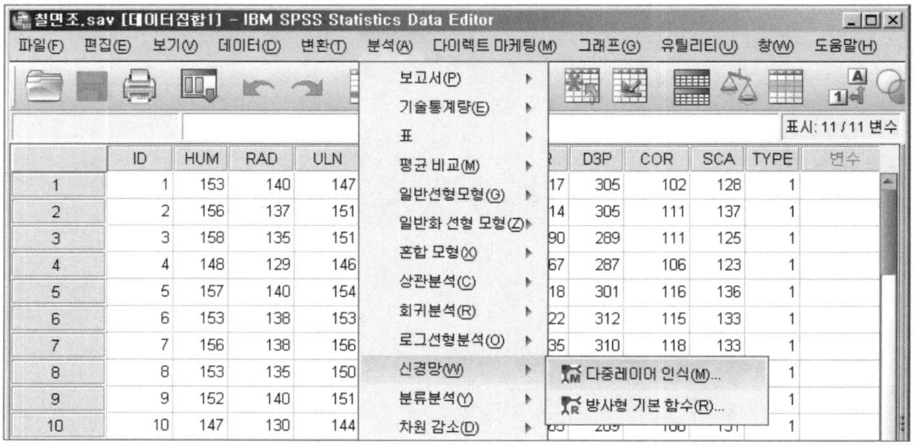

〈그림 7.2.2〉 신경망 메뉴 선택 절차

〈그림 7.2.3〉 다중 레이어 인식 대화상자

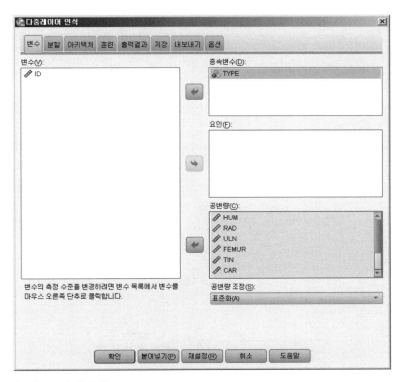

〈그림 7.2.4〉 변수 탭

● **종속변수**에 type 변수를 넣고, id를 제외한 나머지 변수들을 **공변량**으로 지정한다〈그림 7.2.4〉. 여기서 공변량을 조정하는 방식에는 다음과 같은 선택이 있다.

- **표준화**: '(변수 − 평균)/표준편차'로 바꾼다. 변환 후 평균이 0, 표준편차는 1이 된다.
- **정규화**: '(변수 − 최소값)/(최대값 − 최소값)'으로 바꾼다. 변환 후 0과 1 사이 값을 취한다.
- **조정된 정규화**: '2*(변수 − 최소값)/(최대값 − 최소값)−1'로 바꾼다. 변환 후 −1과 1 사이 값을 취한다.

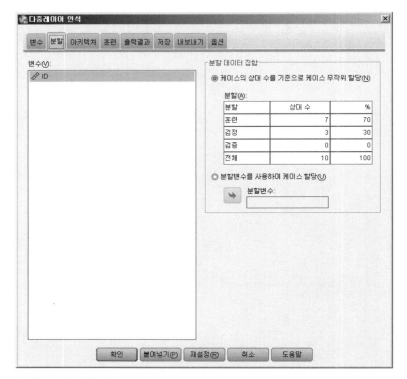

〈그림 7.2.5〉 분할 탭

● **분할** 탭(<그림 7.2.5>)에서는 훈련, 검정, 검증의 용도별 분할비를 지정할 수 있다. 지정된 퍼센트에 따라 임의로 분할되며, 특정 변수에 따라 나누려면 **분할 변수를 사용하여 케이스 할당**을 선택한 후 미리 만들어 놓은 변수를 지정한다.

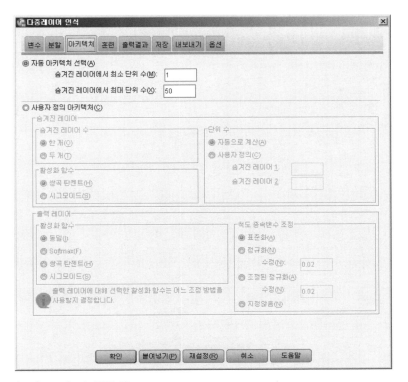

〈그림 7.2.6〉 아키텍처 탭

• <그림 7.2.6>은 **아키텍처** 탭으로 앞서 설명한 쌍곡 탄젠트, 소프트맥스 함수 등의 신경망 설계가 가능하도록 한다. 여기서는 **자동 아키텍처**를 선택하기로 한다.

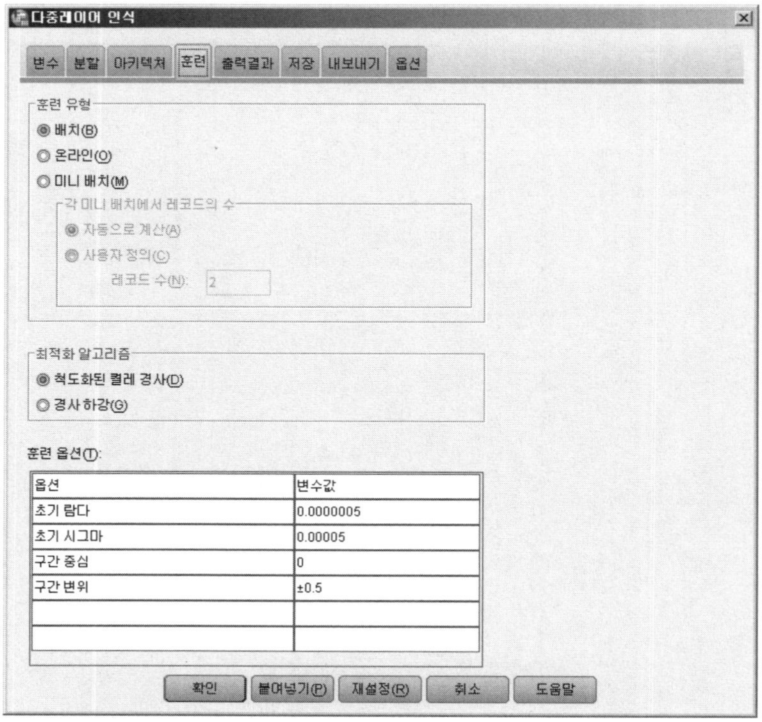

〈그림 7.2.7〉 훈련 탭

- 〈그림 7.2.7〉의 **훈련** 탭에서는 신경망의 훈련 방법이 지정된다. 훈련 방식에는 **배치, 온라인, 미니 배치** 방식이 존재한다. **배치**는 훈련 자료를 일시에 활용하는 방식이고, **온라인**은 1개 케이스를 훈련에 넣을 때마다 신경망을 업데이트하는 방식이다. **미니 배치**는 적당량으로 나누어 활용하고 업데이트하는 방식이다. 최적화 알고리즘에는 **척도화된 켤레 경사**와 **경사 하강** 방식이 있다. 여기서는 디폴트인 **배치**와 **척도화된 켤레 경사**를 선택하였다.

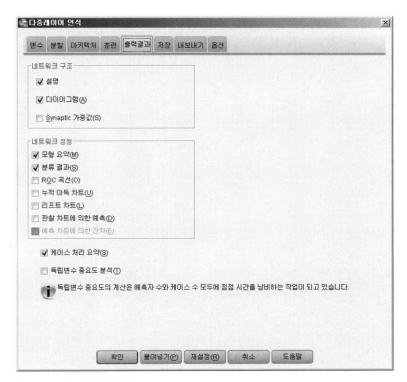

〈그림 7.2.8〉 출력결과 탭

- <그림 7.2.8>에서는 출력 옵션이 지정된다. 분류 결과 등이 중요하게 다뤄진다. 활성화가 되지 않은 메뉴는 한번 실행 후 가능해진다.

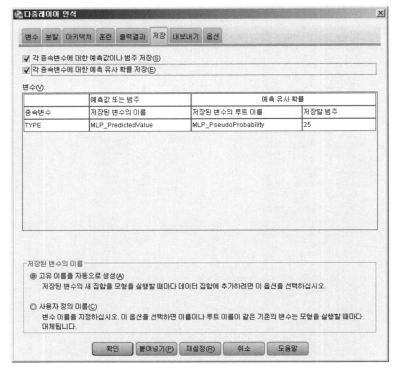

〈그림 7.2.9〉 저장 탭

● <그림 7.2.9>의 **저장** 탭에서는 각 케이스별 종속변수의 예측값과 예측범주를 새 변수로 저장 가능하다. 범주형인 경우에는 유사확률도 새 변수로 저장할 수 있다. 여기서는 예측범주와 유사확률을 저장하도록 하였다.

〈그림 7.2.10〉 내보내기 탭

- <그림 7.2.10>에서는 노드와 노드를 연결하는 가중값을 xml 파일로 저장할 수 있다.

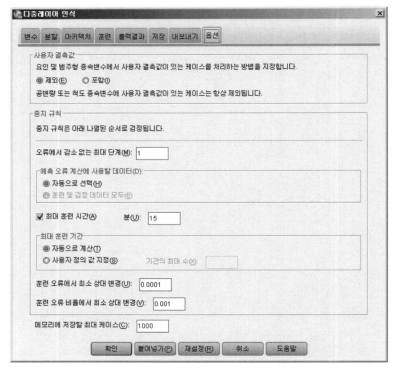

〈그림 7.2.11〉 옵션 탭

● <그림 7.2.11>은 **옵션** 탭으로 결측값 처리, 중지 규칙 등의 선택사양을 지정할 수 있다. 모두 디폴트를 선택하기로 한다.

2 출력결과는 다음과 같다.

케이스 처리 요약

		N	퍼센트
표본	훈련	47	69.1%
	검정	21	30.9%
유효		68	100.0%
제외됨		0	
합계		68	

〈그림 7.2.12〉 케이스 요약

● <그림 7.2.12>는 케이스 처리 요약으로 총 68개 중 훈련에 47개(69.1%), 검

정에 21개(30.9%)가 쓰였음을 알 수 있다. <그림 7.2.5>에서 지정한 7:3으로 맞추어 분류되고 있다. 단 정확히는 분류되지 않고 실행 때마다 달라진다.

네트워크 정보

입력 레이어	공변량	1	HUM	
		2	RAD	
		3	ULN	
		4	FEMUR	
		5	TIN	
		6	CAR	
		7	D3P	
		8	COR	
		9	SCA	
	단위 수[a]			9
	공변량을 위한 방법 조정		표준화	
숨겨진 레이어	숨겨진 레이어 수			1
	숨겨진 레이어 1에서 단위의 수[a]			2
	활성화 함수		쌍곡 탄젠트	
출력 레이어	종속변수 1		TYPE	
	단위 수			2
	활성화 함수		Softmax	
	오차 함수		교차-엔트로피	

a. bias 단위 제외

〈그림 7.2.13〉 네트워크 정보

● <그림 7.2.13> 에서는 신경망에 쓰인 모형과 방식 등을 요약하였다. 숨겨진 레이어의 활성화 함수는 쌍곡 탄젠트이고 출력 레이어의 활성화 함수는 소프트 맥스에 의해 이루어졌음을 알 수 있다.

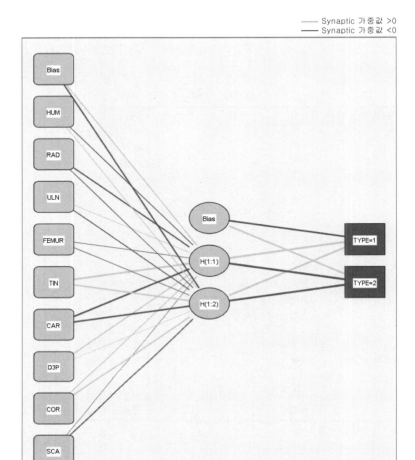

───── Synaptic 가중값 >0
───── Synaptic 가중값 <0

숨겨진 레이어 활성화 함수: 쌍곡 탄젠트
출력 레이어 활성화 함수: Softmax

〈그림 7.2.14〉 네트워크 다이어그램

● <그림 7.2.14>는 훈련 후의 네트워크 다이어그램을 보여주고 있다. 시냅스 가중값은 레이어 간의 관련성으로 이해하면 해석이 가능하다. 진한 실선을 따라가 보면 어떤 변수가 영향을 주는지 알 수 있다. 예를 들어 야생 칠면조 (type=1)는 TIN, D3P, COR, SCA 등의 변수가 결정적인 역할을 하고 있다. 그러나 이 결과는 데이터를 분석할 때마다 조금씩 달라지기도 해 유의할 필요가 있다. 이는 랜덤하게 훈련용 표본을 산출하기 때문이다.

모형 요약

훈련	교차 엔트로피 오차	1.159
	퍼센트 잘못된 예측	.0%
	사용된 중지 규칙	오차 감소 없이 1 연속 단계
	훈련 시간	00:00:00.016
검정	교차 엔트로피 오차	5.236
	퍼센트 잘못된 예측	4.8%

종속변수: TYPE

a. 오차 계산은 검정 표본을 기준으로 합니다.

〈그림 7.2.15〉 모형 요약

● 모형 요약으로 더 이상 오차 감소가 일어나지 않을 때 멈추었다는 중지 규칙
의 설명, 수행 시간 등이 나타나 있다.

분류

표본	감시됨	예측		
		1	2	정확도(%)
훈련	1	15	0	100.0%
	2	0	32	100.0%
	전체 퍼센트	31.9%	68.1%	100.0%
검정	1	5	0	100.0%
	2	1	15	93.8%
	전체 퍼센트	28.6%	71.4%	95.2%

종속변수: TYPE

〈그림 7.2.16〉 분류

● 분류 결과로 훈련 데이터는 100% 정확하게 분류하고 있으며, 검정 자료의 경
우는 95.2% 정도 분류하고 있다.

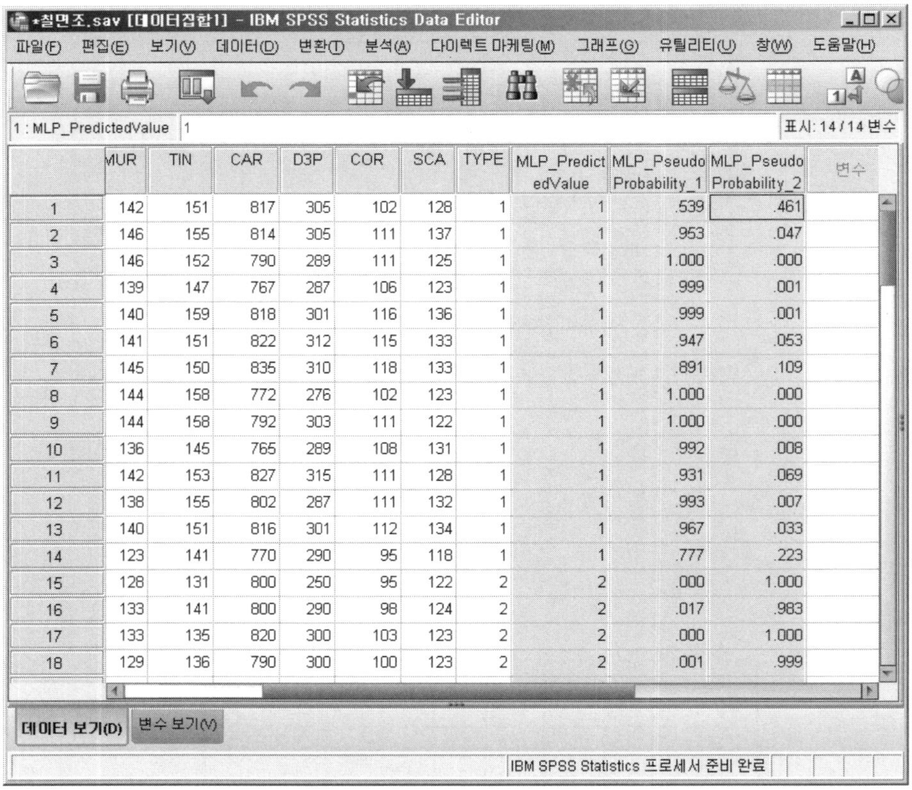

	MUR	TIN	CAR	D3P	COR	SCA	TYPE	MLP_PredictedValue	MLP_PseudoProbability_1	MLP_PseudoProbability_2	변수
1	142	151	817	305	102	128	1	1	.539	.461	
2	146	155	814	305	111	137	1	1	.953	.047	
3	146	152	790	289	111	125	1	1	1.000	.000	
4	139	147	767	287	106	123	1	1	.999	.001	
5	140	159	818	301	116	136	1	1	.999	.001	
6	141	151	822	312	115	133	1	1	.947	.053	
7	145	150	835	310	118	133	1	1	.891	.109	
8	144	158	772	276	102	123	1	1	1.000	.000	
9	144	158	792	303	111	122	1	1	1.000	.000	
10	136	145	765	289	108	131	1	1	.992	.008	
11	142	153	827	315	111	128	1	1	.931	.069	
12	138	155	802	287	111	132	1	1	.993	.007	
13	140	151	816	301	112	134	1	1	.967	.033	
14	123	141	770	290	95	118	1	1	.777	.223	
15	128	131	800	250	95	122	2	2	.000	1.000	
16	133	141	800	290	98	124	2	2	.017	.983	
17	133	135	820	300	103	123	2	2	.000	1.000	
18	129	136	790	300	100	123	2	2	.001	.999	

〈그림 7.2.17〉 예측범주와 예측유사확률(일부)

- <그림 7.2.17>의 데이터에는 신경망 분석의 결과로 새 변수 3개가 만들어져 있음을 볼 수 있다. MLP_predicted value는 예측범주이고, MLP_pseudo probability1은 야생 칠면조(type=1)일 확률을 말하고, MLP_pseudo probability2는 기르는 칠면조(type=2)일 확률을 의미한다. 첫 번째 케이스는 MLP_pseudo probability1이 0.539(>0.50)로 야생 칠면조(MLP_predicted value=1)로 정확히 분류되었다.

7.3   RBF 신경망 사례

칠면조 자료로 RBF 신경망을 살펴보기로 하자.

1   RBF 신경망 분석의 수행 절차는 다음과 같다.

분석 – 신경망 – 방사형 기본 함수 절차를 수행하면 <그림 7.3.1>의 방사형 기본 함수 대화상자가 나타나고 종속변수와 공변량을 정의하였다. 만일 범주형 자료가 있으면 **요인분석**란에 정의해준다.

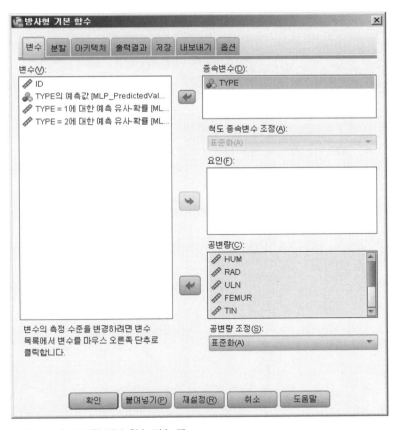

〈그림 7.3.1〉 방사형 기본 함수 변수 탭

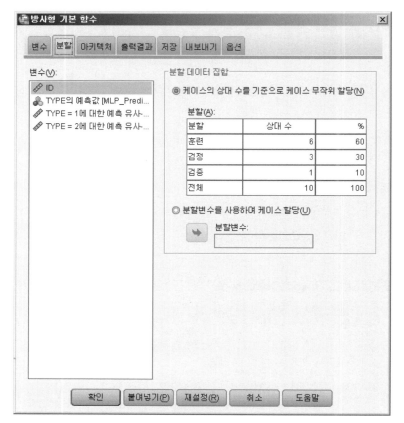

〈그림 7.3.2〉 분할 탭의 지정

● **분할** 탭(〈그림 7.3.2〉)에서는 훈련, 검정, 검증의 용도별 분할비를 6:3:1로 지
정하였다.

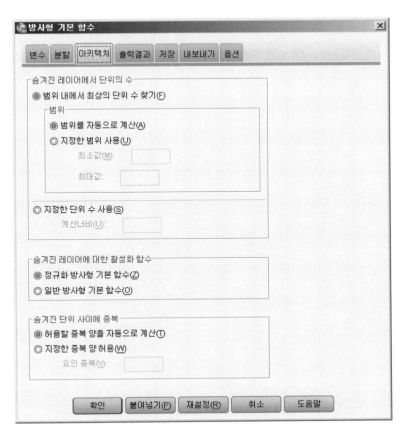

〈그림 7.3.3〉 아키텍처 탭

- <그림 7.3.3>의 **아키텍처** 탭은 신경망 설계가 지정되는 창인데, 여기서는 디폴트로 설정하여 은닉 뉴런의 수를 자동으로 정하도록 하였다.

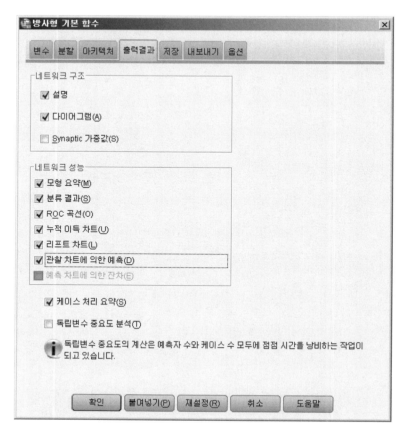

〈그림 7.3.4〉 출력결과 탭

* <그림 7.3.4>의 **출력결과** 탭에서 ROC 곡선 등 선택 가능한 옵션을 모두 추가하여 결과를 보도록 한다.

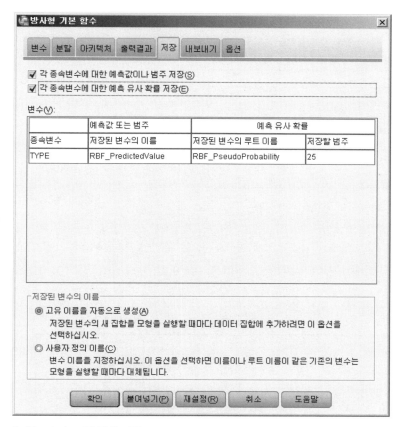

〈그림 7.3.5〉 저장 탭의 지정

- <그림 7.3.5>의 **저장** 탭에서는 각 케이스별 종속변수의 예측범주, 유사확률을 새 변수로 저장하였다.

- **내보내기** 탭과 **옵션** 탭은 모두 디폴트를 선택하기로 한다.

2　신경망 분석의 출력결과를 보기로 한다.

케이스 처리 요약

		N	퍼센트
표본	훈련	42	61.8%
	검정	21	30.9%
	검증	5	7.4%
유효		68	100.0%
제외됨		0	
합계		68	

〈그림 7.3.6〉 케이스 처리 요약

● 케이스 처리 요약으로 총 68개 중 훈련에 42개(61.8%), 검정에 21개(30.9%), 검증에 5개(7.4%)가 쓰였음을 알 수 있다.

네트워크 정보

입력 레이어	공변량	1	HUM	
		2	RAD	
		3	ULN	
		4	FEMUR	
		5	TIN	
		6	CAR	
		7	D3P	
		8	COR	
		9	SCA	
	단위 수			9
	공변량을 위한 방법 조정		표준화	
숨겨진 레이어	단위 수			3ª
	활성화 함수		Softmax	
출력 레이어	종속변수	1	TYPE	
	단위 수			2
	활성화 함수		Identity	
	오차 함수		제곱합	

a. 검정 데이터 기준에 따라 결정됩니다: 숨겨진 단위의 "최상의" 수는 검정 데이터에서 가장 작은 오차가 발생하는 1입니다.

〈그림 7.3.7〉 네트워크 정보

● 신경망에 쓰인 모형과 방식 등을 요약하였다. 숨겨진 레이어의 활성화 함수는 Softmax이고 출력 레이어의 활성화 함수는 Identity에 의해 이루어졌음을 알 수 있다.

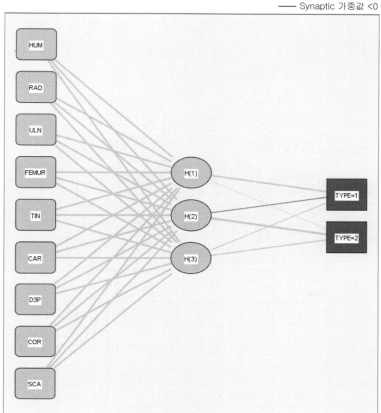

숨겨진 레어어 활성화 함수: 쌍곡 탄젠트
출력 레이어 활성화 함수: Softmax

〈그림 7.3.8〉 네트워크 다이어그램

- <그림 7.3.8>은 훈련 후의 네트워크 다이어그램을 보여준다. 이 결과는 MLP 신경망과 다른 모습이다. 또 극단적으로는 분석할 때마다 매번 다른 결과를 줄 수도 있다. 만일 같은 결과를 얻고자 하면, 분석 전에 **변환 – 난수 생성기** 절차를 수행(<그림 7.3.9>)하여 초기값을 고정시키고 신경망 분석을 하게 되면 가능하다.

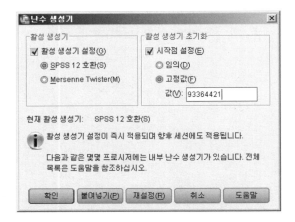

〈그림 7.3.9〉 난수 생성기

분류

표본	감시될	예측		
		1	2	정확도(%)
훈련	1	7	5	58.3%
	2	1	29	96.7%
	전체 퍼센트	19.0%	81.0%	85.7%
검정	1	4	2	66.7%
	2	0	15	100.0%
	전체 퍼센트	19.0%	81.0%	90.5%
검증	1	0	2	.0%
	2	0	3	100.0%
	전체 퍼센트	.0%	100.0%	60.0%

종속변수: TYPE

〈그림 7.3.10〉 분류

- <그림 7.3.10>은 분류 결과로 훈련, 검정, 검증 데이터의 분류율을 보여준다. 훈련 데이터에서 5개, 검정 데이터에서 2개, 검증 데이터에서 2개의 케이스가 오분류되었다.

다음은 몇 개의 그림 출력결과를 설명하기로 한다.

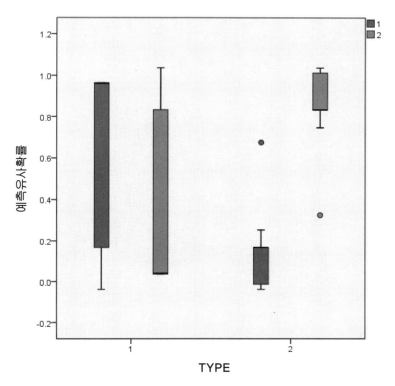

〈그림 7.3.11〉 예측유사확률

- <그림 7.3.11>은 이 신경망으로 구한 예측유사확률과 종속변수의 상자그림이다. <그림 7.3.10>을 상자그림으로 나타낸 것이다.

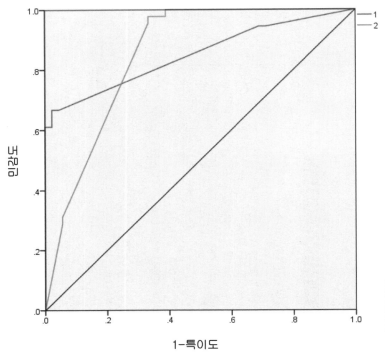

곡선 아래 영역

		영역
TYPE	1	.849
	2	.849

〈그림 7.3.12〉 ROC 곡선

- <그림 7.3.12>는 ROC 곡선이다. 모든 가능한 분류 규칙을 대상으로 1-특이도를 x축에, 민감도를 y축에 그린 것이다. 여기서 특이도(Specificity)는 각 범주를 +로 보고 그 밖의 범주는 -로 간주한 경우에 -를 -로 보는 정확도이다. 반면에 민감도(Sensitivity)는 +를 +로 보는 정확도로 이해하면 된다. 예측모형이 정확하다면 면적이 높게 나타날 것이다.

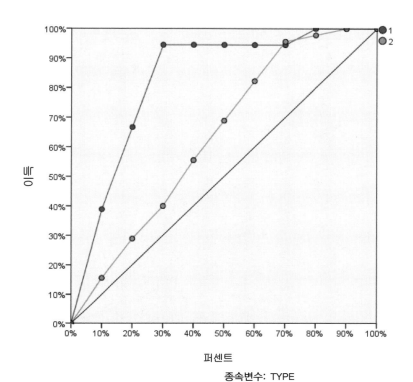

〈그림 7.3.13〉 이득 차트(Gain chart)

● <그림 7.3.13>은 이득 차트이다. 이득(gain)이란 유사확률을 기준으로 전체 자료의 상위 $p\%$에 범주 값을 판단한 경우 옳게 분류된 퍼센트를 의미한다.

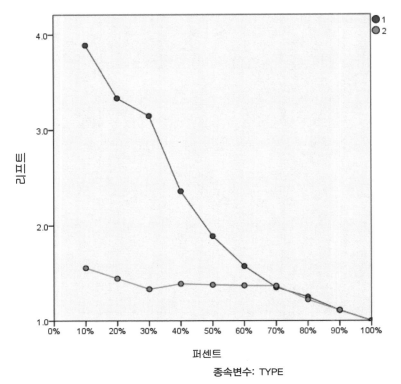

〈그림 7.3.14〉 향상도 그림(Lift chart)

- <그림 7.3.14>는 향상도 그림이다. 향상도(lift)란 유사확률을 기준으로 전체 자료의 상위 $p\%$에 범주 값을 판단한 경우 옳게 분류된 케이스의 퍼센트가 p 의 몇 배인가를 의미한다. 따라서 p가 증가할수록 향상도는 감소하는 패턴을 가진다.

● <그림 7.3.15>의 데이터에는 분석의 결과로 새 변수 3개가 만들어져 있다. 앞서 산출한 MLP의 결과와 RBF의 결과를 비교해 볼 수도 있을 것이다.

	R	SCA	TYPE	MLP_Predict edValue	MLP_Pseudo Probability_1	MLP_Pseudo Probability_2	RBF_Predict edValue	RBF_Pseudo Probability_1	RBF_Pseudo Probability_2
1	102	128	1	1	.539	.461	1	.911	.089
2	111	137	1	1	.953	.047	1	.965	.035
3	111	125	1	1	1.000	.000	1	.964	.036
4	106	123	1	1	.999	.001	2	.223	.777
5	116	136	1	1	.999	.001	1	.965	.035
6	115	133	1	1	.947	.053	1	.965	.035
7	118	133	1	1	.891	.109	1	.965	.035
8	102	123	1	1	1.000	.000	1	.959	.041
9	111	122	1	1	1.000	.000	1	.964	.036
10	108	131	1	1	.992	.008	2	.467	.533
11	111	128	1	1	.931	.069	1	.964	.036
12	111	132	1	1	.993	.007	1	.965	.035
13	112	134	1	1	.967	.033	1	.964	.036
14	95	118	1	1	.777	.223	2	-.036	1.036
15	95	122	2	2	.000	1.000	2	-.036	1.036
16	98	124	2	2	.017	.983	2	-.035	1.035
17	103	123	2	2	.000	1.000	2	-.035	1.035
18	100	123	2	2	.001	.999	2	-.036	1.036

〈그림 7.3.15〉 RBF 방법에 의한 예측범주와 예측확률 결과

연습문제　exercise

7.1　다음은 5개국에서 추출한 오렌지 주스에 관한 자료(orange.sav)이다. 검출한 9개의 화학성분으로 오렌지 주스를 만든 나라를 잘 예측할 수 있는지 분석해보라.

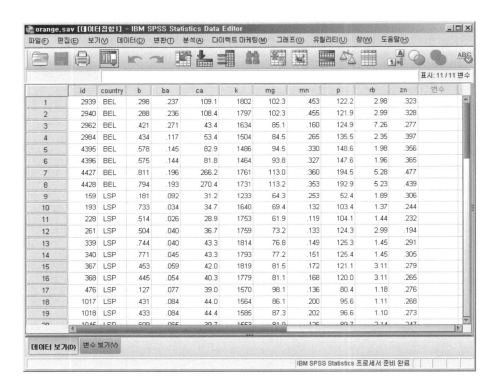

1) 판별분석을 시행해보라.

2) 적절한 신경망 분석을 실시하라.

3) 1)의 결과와 2)의 결과의 분류율을 살펴보고 비교해보라.

7.2 다음 자료(beetles.sav)에 대하여 적절한 신경망 분석을 실시하라. 세 가지 종류를 가진 종속변수 '종'이 있으며 '너비'와 '각'은 독립변수이다.

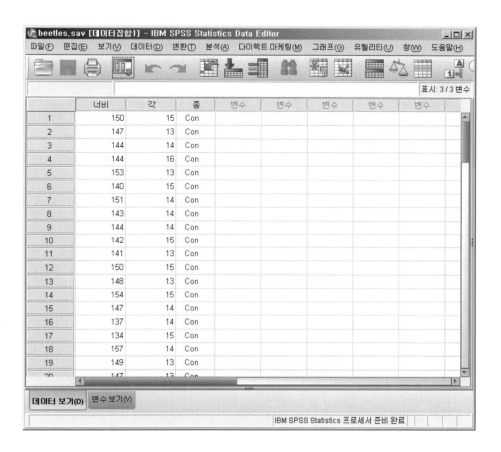

7.3 만일 종속변수가 표기되지 않은 데이터(설명변수는 모두 구비되어 있고, 신경망 분석 후 예측한다고 가정)의 예측범주나 예측확률은 어떻게 도출하는가?

8

결측값 분석

Missing Value Analysis

Advanced IBM **SPSS**

결측값 분석

자료를 수집하는 과정에서 일부 항목이 측정되지 않으면 그 항목에 대한 응답이 발생하지 않았다는 의미로 무응답(nonresponse)이 발생했다고 한다. 또는 그 항목의 값이 관측되지 않고 빠져 있다는 의미로 결측값(missing value)이라고 부른다. 대부분의 실제 통계자료는 결측값을 포함하기 마련이다. SPSS는 결측값을 분석하는 도구와 대체하는 방법을 다양하게 두고 있는데, 사례를 통하여 알아보기로 한다.

8.1 결측값의 유형

결측값은 거의 모든 분야의 자료에서 나타난다. 무응답이 발생하는 몇 가지 예는 다음과 같다.

● **실험에서**: 화학실험에서 일부 표본에 대하여 시약을 잘못 투여하여 반응값이 나타나지 않는 경우.

● **설문조사에서**: 통계청이 실시하는 통계조사에서 소득이나 지출의 세부 사항에 대하여 응답 거부가 일어나는 경우 또는 주택 마련 시기를 물어보는 항목에서 주택을 소유하지 않은 대상자들은 결측으로 남게 된다.

● **여론조사에서**: 대통령 선거에서 후보자 중 누구에게 투표할지를 물어보면 무응답이 발생하는 경우가 있다. 이는 아직 선택하지 못하였거나 본인의 선택을 알려주기 꺼려하는 등 다양한 이유가 존재할 수 있다.

● **정보 수집 자료에서**: 기업이 소비자에 관한 여러 정보를 수집하는 과정에서 연령, 직업, 소득과 같은 개인정보가 모든 고객에서 응답되지 않는 경우.

● **임상실험 자료에서**: 임상실험 시 중도에 참여를 포기하는 경우 추후 결과는 결측으로 남게 된다.

무응답은 형태에 따라 모든 항목에 대한 자료값이 없는 개체무응답(unit nonresponse)과 일부 항목에 대한 자료값만 없는 항목무응답(item nonresponse)으로 나눌 수 있다. 개체무응답의 경우에는 가중값 부여나 다시 조사를 하는 등의 방법이 있을 수 있으나 근원적으로 해결이 불가한 문제이므로 여기에서는 제외하기로 한다. 항목무응답은 다음과 같이 세 가지로 분류할 수 있다(Little and Rubin(2002)).

● **완전임의결측(Missing Completely At Random: MCAR)**: 무응답이 발생할 확률은 완전하게 무작위적이다. 예를 들어 특정한 병을 가진 사람들을 상대로 임상검

사를 실시하고자 한다. 이를 위하여 500명의 의료기록을 모았는데 100명의 검사비용밖에 준비되지 않았다. 따라서 500명 중 100명을 임의로 추출하여 임상검사를 실시한다면 400명에 대한 의료기록은 존재하지만 임상검사 기록은 결측으로 남게 된다. MACR에서 특정 항목의 결측은 개체의 어떤 특성과도 무관하게 발생한다.

● **임의결측**(Missing At Random: MAR): 항목의 결측 확률이 다른 측정 항목의 관측값에 따라 영향을 받는 경우이다. 해당 항목의 결측과 관계가 깊은 변수를 짚어내는 것이 중요하다.

● **비임의결측**(Not Missing At Random: NMAR): MCAR도 아니고 MAR도 아닌 경우로서 해당 항목의 결측 확률이 측정되지 않은 자체 값에 따라 결정되는 경우이다.

대부분의 무응답 처리 기법은 MAR을 가정한다. 왜냐하면 MCAR은 너무 단순한 측면이 있으며, NMAR은 결측값의 모형화가 어렵기 때문이다. 따라서 MAR 가정이 가능하도록 무응답과 연관된 변수들을 가능한 한 모두 분석에 포함하는 것이 중요하다. 예를 들어 통계청의 가계동향조사에서 가구의 수입에 대한 응답 여부가 수입이 매우 높거나 없기 때문에 발생하는 경우는 NMAR에 해당된다. 하지만 수입과 밀접하게 관련되어 있는 변수인 세금, 자산, 지출 등의 정보가 알려져 있다면 이 정보를 포함시킴으로써 MAR로 바뀔 수 있는 것이다. 분석에서는 MAR을 기본으로 전제하기로 한다.

8.2 결측값 대체 방법

통계적 모형을 통하여 결측값을 어떤 다른 값으로 채우는 것을 대체 방법(Imputation Method)이라고 한다. 대체가 필요한 이유는 무응답으로 발생되는 편향을 줄이고, 정도(precision)를 높이기 위해서이다. 또 무응답 변수와 다른 변수와의 관계를 보전하기 위함으로 설명할 수 있다.

　항목 결측값에 대한 가장 단순한 대체 방법은 연속형에서 평균 대체(mean imputation), 범주형에서 최빈값 대체(modal Imputation)이다. 하지만 MAR 상황에서는 대체값들이 편향되거나 분포가 왜곡되는 문제가 있을 수 있어서 거의 사용하지 않는다. 연속형인 경우에는 주로 다음 두 가지 방법이 사용된다.

● 회귀대체(Regression Imputation): 결측 대체가 필요한 변수를 종속변수로 하고 연관 요인들을 독립변수로 하는 회귀모형을 만들어 대체에 활용하는 방법이다. 예측값 그 자체로서 대체하는 방법과 예측값에 임의 잔차를 더하여 대체하는 방법이 있을 수 있다. 분포의 왜곡을 막기 위해서는 임의 잔차를 활용하는 방법이 더 낫다고 알려져 있다.

● EM 대체(Expectation Maximization Imputation): EM 알고리즘을 이용하여 특정 확률모형을 전제하고 나서 반복적으로 추정치를 찾는 방법이다.

　함축적인 모형을 근거로 한 대체 방법도 있으나 가정의 검증이 쉽지 않은 단점이 있다. 실제로 많이 사용하고 있어 몇 가지만 소개한다.

● 핫덱대체(Hotdeck Imputation): 무응답을 현재 진행 중인 연구에서 비슷한 성향을 가진 응답자의 자료로 대체하는 방법으로 표본조사에서 흔히 쓰인다.

● 콜드덱대체(Colddeck Imputation): 핫덱과 비슷하나 대체할 자료를 현재 진행 중인 연구에서 얻는 것이 아니라 외부 출처 혹은 비슷한 연구에서 가져오는 방법이다.

● 혼합 방법: 몇 가지 다른 방법을 혼합하는 방법이다. 회귀대체를 이용하여 예측값을 얻고 핫덱 방법으로 잔차를 얻어 두 값을 더하는 경우를 생각할 수 있다.

8.3 결측값 분석

먼저 자료에서 결측값의 분포, 패턴 등을 알아볼 필요가 있다. 분석에 사용한 파일은 사업체의 부채, 자본 등을 알아본 가상의 자료이다. '기업활동실태조사.sav'로 저장되어 있으며 변수는 id를 포함하여 9개이다. 변수 중에서 자본금, 외자비율, 사업체수_합계, 부채총계, 자본총계는 연속형 변수로 가정한다.

	id	행정구역_시도	산업분류_대	산업분류_중	자본금	외자비율	사업체수_합계	부채총계	자본총계
1	1	11	A	03	14818	0	.	45013	.
2	2	11	A	03	21800	0	11	59027	.
3	3	11	A	03	7455	0	.	46682	164952
4	4	11	B	07	22245	.	4	29698	.
5	5	11	B	07	459	.	2	867	7358
6	6	11	B	07	1400	.	3	6139	4568
7	7	11	B	07	1000	0	4	7498	5512
8	8	11	B	07	3000	0	7	29741	15206
9	9	11	C	10	9000	.	.	28680	.
10	10	11	C	10	2500	.	3	6256	2480
11	11	11	C	10	.	0	7	6665	18400
12	12	11	C	10	800	0	2	4814	2076
13	13	11	C	10	8636	.	3	59291	.
14	14	11	C	10	.	.	.	511756	1646254
15	15	11	C	10	1992	.	.	22050	39571
16	16	11	C	10	6296	.	43	220449	.
17	17	11	C	10	600	0	2	2192	1361

〈그림 8.3.1〉 기업활동실태조사.sav(일부)

8.3.1 결측값 분석 기술통계

〈그림 8.3.1〉의 자료를 이용하여 무응답분석 절차를 수행하는 과정에 대해 설명하기로 한다. **분석 – 결측값 분석** 절차를 수행하면 **결측값 분석** 대화상자가 나타난다. id는 **케이스 설명** 변수로 넣고 **양적 변수**란에 해당 변수를 설정한다. **범주형 변수**란에는 '산업분류_대' 변수 하나만 고려하기로 한다. 너무 많은 수준

이 있는 경우에는 의미 있는 연관성을 해석하기 어렵기 때문이다. <그림 8.3.2>
는 이 작업을 마친 결측값 분석 대화상자이다.

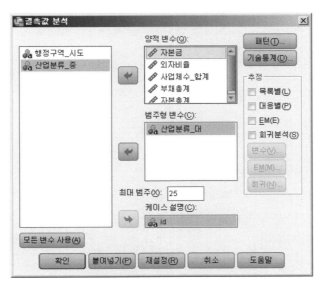

〈그림 8.3.2〉 결측값 분석 대화상자

● 대화상자에서 〈**기술통계**〉 단추를 누르면 <그림 8.3.3>의 대화상자가 나타난
다. 디폴트로 **일변량 통계량**에 체크되어 있을 것이다. 〈**계속**〉, 〈**확인**〉을 누르고
나면 <그림 8.3.4>가 출력될 것이다.

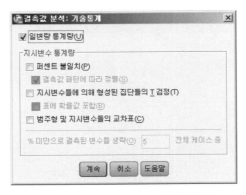

〈그림 8.3.3〉 결측값 분석 기술통계 대화상자

일변량 통계량

	N	평균	표준편차	결측 빈도	결측 퍼센트	극단값의 수[a] 하한	극단값의 수[a] 상한
자본금	7160	12200.40	73909.450	3069	30.0	0	92
외자비율	7160	7.92	24.292	3069	30.0	0	452
사업체수_합계	7159	4.06	19.978	3070	30.0	0	69
부채총계	10229	64590.44	427116.660	0	.0	0	107
자본총계	7159	28733.03	369190.553	3070	30.0	0	25
산업분류_대	10229			0	.0		

a. 범위 (Mean - 2*SD, Mean + 2*SD) 밖의 케이스의 수.

〈그림 8.3.4〉 일변량 통계량

● 〈그림 8.3.4〉에서 총 개체 수는 10,229개이고 자본금과 외자비율은 3,069개,
부채총계와 자본총계는 3,070개의 결측을 가지고 있음을 확인할 수 있다. 극단
값의 수에서 상한에 2*표준편차 밖의 값들이 있음으로 보아서 오른쪽으로 긴
꼬리를 갖는 변수들이다. 만일 다변량 정규분포를 가정한 EM 방법을 적용한다
면 적절한 대칭화 변환이 필요할 수 있다. 이제 〈그림 8.3.5〉에서 다른 사항을
체크하여 그 결과를 더 검토해보기로 한다.

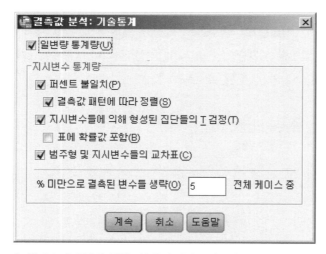

〈그림 8.3.5〉 결측값 분석 기술통계 대화상자(계속)

● **퍼센트 불일치**: 결측 비율이 5% 이상인 주요 결측값 표시 변수들 사이 불일치 퍼센트
를 보여준다. 어떤 변수가 결측일 때 다른 변수 역시 결측인 비율 등을 알 수 있다.
● **지시변수들에 의해 형성된 집단들의 T검정**: 존재 집단과 결측집단 사이의 t-검정을

수행하여 연속형 변수들이 다른 평균을 가지는지 보여준다.

- **범주형 및 지시변수들의 교차표**: 결측값 표시 그룹들 사이에 범주형 변수들의 분포가 다른가를 교차표의 형태로 보여준다.

- <그림 8.3.6>의 맨 아랫줄을 보면 자본총계 변수는 다른 모든 변수에서 결측 집단의 평균이 존재집단에 비하여 유의하게 크다는 것을 알 수 있다.

개별변수 t 검정[a]

		자본금	이자비율	사업체수_합계	과세총계	자본총계
자본금	t	.	.9	1.2	-.1	-.1
	자유도	.	4241.8	5365.6	5121.0	4634.6
	# 존재	7160	5007	4982	7160	5010
	# 결측	0	2153	2177	3069	2149
	평균(존재)	12200.40	8.09	4.23	64242.43	28442.11
	평균(결측)	.	7.53	3.68	65402.34	29411.24
이자비율	t	2.8	.	-1.0	1.1	1.7
	자유도	7103.4	.	2472.3	6426.8	6746.8
	# 존재	5007	7160	5006	7160	5011
	# 결측	2153	0	2153	3069	2148
	평균(존재)	13449.60	7.92	3.85	67445.31	32147.56
	평균(결측)	9295.28	.	4.56	57930.00	20767.38
사업체수_합계	t	-7.5	-6.0	.	-9.7	-3.7
	자유도	2375.0	3488.8	.	3443.0	1302.9
	# 존재	4982	5006	7159	7159	5866
	# 결측	2178	2154	0	3070	1293
	평균(존재)	6201.36	6.70	4.06	28277.24	13244.68
	평균(결측)	25922.73	10.76	.	149269.96	98999.59
자본총계	t	-8.0	-7.8	-4.1	-10.0	.
	자유도	2281.0	3287.7	1318.7	3442.2	.
	# 존재	5010	5011	5866	7159	7159
	# 결측	2150	2149	1293	3070	0
	평균(존재)	5718.40	6.30	3.17	27251.40	28733.03
	평균(결측)	27304.96	11.70	8.10	151662.15	.

각 정량변수에 대해 대응집단이 표시형 변수(존재, 결측)별로 형성됩니다.

a. 5% 보다 적은 결측값이 나타난 표시형 변수는 표시되지 않습니다.

〈그림 8.3.6〉 지시변수들에 의해 형성된 집단들의 T 검정

● 자본총계 변수가 결측인 사업체는 대체적으로 자본금, 외자비율 등이 높다는 것을 알 수 있다. 큰 회사들이 응답을 기피하는 것이라 보인다.

산업분류_대

			전체	A	B	C	D	E	F	G
자본금	존재	빈도	7160	12	5	4094	19	34	434	567
		퍼센트	70.0	70.6	100.0	70.3	65.5	68.0	69.3	68.7
	결측	% SysMis	30.0	29.4	.0	29.7	34.5	32.0	30.7	31.3
외자비율	존재	빈도	7160	14	3	4067	20	34	429	571
		퍼센트	70.0	82.4	60.0	69.9	69.0	68.0	68.5	69.2
	결측	% SysMis	30.0	17.6	40.0	30.1	31.0	32.0	31.5	30.8
사업체수_합계	존재	빈도	7159	14	5	3902	11	42	401	483
		퍼센트	70.0	82.4	100.0	67.0	37.9	84.0	64.1	58.5
	결측	% SysMis	30.0	17.6	.0	33.0	62.1	16.0	35.9	41.5
자본총계	존재	빈도	7159	12	4	3923	12	41	392	485
		퍼센트	70.0	70.6	80.0	67.4	41.4	82.0	62.6	58.8
	결측	% SysMis	30.0	29.4	20.0	32.6	58.6	18.0	37.4	41.2

5% 보다 적은 결측값을 포함하는 표시형 변수는 표시되지 않습니다.

〈그림 8.3.7〉 범주형 및 지시변수들의 교차표(일부)

● <그림 8.3.7>에서는 산업분류가 E일 때 자본총계의 존재집단은 82%, 결측집단은 18%인 반면에 산업분류가 D인 집단은 각각 41.4%와 58.6%로 차이를 보인다. 산업분류가 C인 집단은 모든 변수에서 거의 비슷한 비율로 응답했음을 알 수 있다.

표시형 변수의 퍼센트 불일치.[a,b]

	자본금	자본총계	사업체수_합계	외자비율
자본금	30.00			
자본총계	42.03	30.01		
사업체수_합계	42.58	25.28	30.01	
외자비율	42.10	42.01	42.11	30.00

대각 원소는 결측값 퍼센트를 나타내며 비대각 원소는
표시형 변수의 불일치 퍼센트를 나타냅니다.

a. 변수는 결측 패턴에 따라 정렬됩니다.
b. 5% 결측값보다 작은 표시형 변수는 표시되지 않습니다.

〈그림 8.3.8〉 퍼센트 불일치

● <그림 8.3.8>에서 대각원소는 결측률을 보여주고 비대각원소는 해당 두 변수 간 불일치를 보여준다. 예를 들어 자본금과 자본총계 사이의 불일치는 42.03%이다. 만일 이 값이 0%라면 두 변수의 모든 결측값이 동시에 발생함을 뜻한다.

8.3.2 결측값 분석 패턴

SPSS 결측값 분석 패턴은 결측값의 존재 양상을 보여준다. <그림 8.3.2>에서 〈패턴〉을 클릭하면 <그림 8.3.9>의 대화상자를 볼 수 있다. 3개의 체크박스가 있는데 다음과 같은 의미를 가지고 있다.

● 케이스 일람표: 기술통계와 결측값 패턴 일람표를 출력해준다. 완결된 케이스의 수, 결측이 있는 특정 변수를 제외하는 경우의 완결 케이스의 수 등을 보여준다.

● 결측값을 가지는 케이스: 케이스들을 결측값 패턴의 유형에 따라 재배열하고 더불어 극단값 표시를 해준다.

● 모든 케이스: 케이스 배열 순서만 다를 뿐 결측값을 가지는 케이스와 거의 같다.

여기서는 <그림 8.3.9>처럼 선택하여 결과를 살펴보기로 한다.

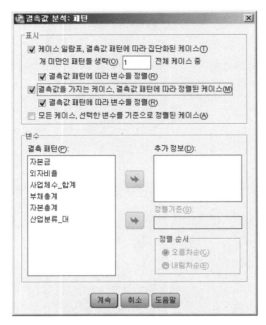

〈그림 8.3.9〉 결측값 분석 패턴의 대화상자

결측값 패턴 (결측값을 포함하는 케이스)

케이스	# 결측값	% 결측값	결측값 및 극단값 패턴[a]					
			부채총계	산업분류_대	자본금	자본총계	사업체수_합계	외자비율
2	1	16.7				S		
22	1	16.7				S		
29	1	16.7				S		+
38	1	16.7				S		
40	1	16.7				S		
60	1	16.7				S		
67	1	16.7				S		
74	1	16.7				S		
77	1	16.7				S		
80	1	16.7				S		
82	1	16.7				S		
84	1	16.7				S	+	
112	1	16.7				S		
118	1	16.7	+			S		
123	1	16.7				S		

〈그림 8.3.10〉 결측값 패턴 일람표(일부)

- <그림 8.3.10>의 결과는 케이스들을 결측값 패턴의 유형에 따라 재배열하고 더불어 극단값 표시를 한 것이다. S는 결측이 일어난 변수를 나타낸다. +는 극 대값을 나타내며, −는 극소값을 의미한다.

표 패턴

케이스의 수	결측값 패턴ᵃ						완료된 케이스의 수ᵇ
	부채총계	평균급여_계	자본금	자본총계	사업체수_합계	의제배당	
2843							2843
632				X			3475
873				X	X		5007
659					X		3502
249			X		X		5011
1260			X				4103
528			X			X	5866
1235						X	4078
272				X		X	4982
373				X	X	X	7160
273					X	X	5010
112			X		X	X	7159
158			X		X	X	10229
118			X	X		X	7159
271			X				5006
373			X	X	X		7160

1% 보다 적은 케이스(102 또는 그 이하)를 포함하는 패턴은 표시되지 않습니다.
a. 변수는 결측값 패턴에 따라 정렬됩니다.
b. 해당 패턴(X로 표시)의 변수 결측값이 사용되지 않을 경우 완료된 케이스의 수

〈그림 8.3.11〉 결측값 패턴 일람표

- 모든 변수가 완결된(결측이 없는) 케이스는 2,843개이고, 자본총계의 632개의 결측이 사용되지 않는다면 3,475개라는 의미이다. 자본총계와 사업체수_합계 변수가 결측인 873개를 고려한다면 5,007개이다. 순서는 패턴에 의해 재정렬된 결과이다.

8.4 회귀대체

자본금 변수에 대하여 회귀대체를 하기로 한다. 자본금을 종속변수로 하고 다른 양적인 변수들을 독립변수로 하는 회귀분석을 먼저 실시하여, 추정이 의미가 있겠는지를 판단하는 것이 우선이다.

● **분석 – 회귀분석 – 선형**을 선택하면 <그림 8.4.1>의 대화상자가 실행되고 종속변수(자본금), 독립변수(외자비율, 사업체수_총계, 부채총계, 자본총계), 단계 선택을 차례로 선택하였다. 단계별 회귀분석은 독립변수의 어떤 조합이 종속변수를 가장 잘 설명하는지 알아보는 의미이다.

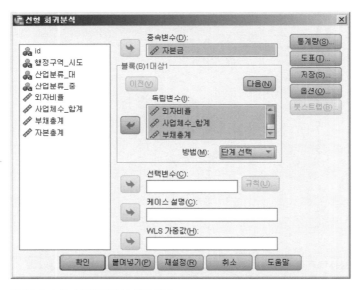

〈그림 8.4.1〉 선형회귀분석 대화상자

● 〈확인〉을 클릭하고 <그림 8.4.2>의 결과를 보면, 세 가지 모형의 결정계수가 거의 비슷하여(모형1: 0.79, 모형2: 0.79, 모형3: 0.80) 자본총계 변수만(모형1)으로 대체를 하는 방법이 효율적으로 보인다. 다만, 자본총계가 결측이 있는 경우에는 추정이 되지 않을 것이므로 독립변수를 선택할 때 가능한 한 결측이 없는 변수를 고려하는 것이 바람직하다. 여기서는 동시 결측을 고민하여 모형 2를 선택하고 회귀대체를 시행해보기로 하겠다.

모형 요약

모형	R	R 제곱	수정된 R 제곱	추정값의 표준오차
1	.887ᵃ	.787	.787	10093.776
2	.890ᵇ	.793	.793	9956.781
3	.892ᶜ	.796	.795	9889.622

a. 예측값: (상수), 자본총계
b. 예측값: (상수), 자본총계, 부채총계
c. 예측값: (상수), 자본총계, 부채총계, 외자비율

〈그림 8.4.2〉 회귀분석: 단계선택 결과

● 결측값 분석의 대화상자에서 **회귀분석**에 체크 표시를 하고 〈**변수**〉 단추를 선택한다. <그림 8.4.3>의 대화상자에서 **변수 선택**에 클릭한 후, 예측할 변수(대체변수)와 예측변수(독립변수)를 선택한다. 〈**계속**〉을 선택한 후 이번에는 결측값 분석의 대화상자에서 〈**회귀**〉 단추를 선택한다. <그림 8.4.4>의 대화상자에서 **완전한 데이터 저장**에 체크한 후 **새 데이터 파일 쓰기**에 경로와 이름을 주어 저장하게 하였다.

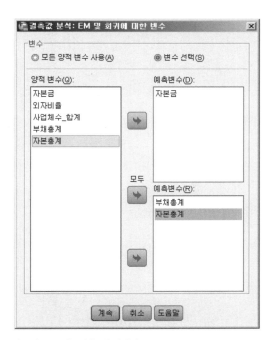

〈그림 8.4.3〉 변수 대화상자

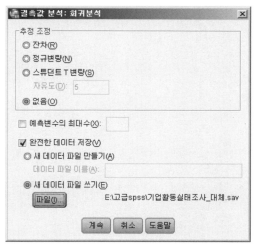

〈그림 8.4.4〉 회귀 대화상자

● <그림 8.4.4>에서 추정 조정의 디폴트로서 **잔차**가 선택되어 있는데 이는 회귀모형의 예측값에 임의 잔차를 더하여 대체값을 산출하라는 의미이다. **없음**을 선택하면 모형 예측값만으로 결측값을 대체한다. 여기서는 **없음**을 선택하여 결과를 산출하였다.

추정된 평균의 요약

	자편금	외자비금	사업체수_합계	부채총계	자본총계
모든 값	12200.40	7.92	4.06	64590.44	28733.03
회귀	12202.18				

〈그림 8.4.5〉 회귀대체 결과(일부): 추정된 평균

● <그림 8.4.5>는 결측값을 제외한 평균과 회귀대체 이후의 평균값을 보여주고 있다. 거의 비슷하게 대체되었음을 보여준다.

- <그림 8.4.6>는 회귀대체 후 생성된 파일의 일부분이다. 결측치 분석 대화상자에 언급된 변수들만 있으며, 자본금 변수는 결측값이 회귀대체되어 나타났다. 케이스 11번은 원래 결측이었으나 6,479로 대체되었다.

	id	산업분류_대	자본금	외자비율	사업체수_합계	부채총계	자본총계	변수
1	1	A	14818	0	.	45013	.	
2	2	A	21800	0	11	59027	.	
3	3	A	7455	0	.	46682	164952	
4	4	B	22245	.	4	29698	.	
5	5	B	459	0	2	867	7358	
6	6	B	1400	.	3	6139	4568	
7	7	B	1000	0	4	7498	5512	
8	8	B	3000	0	7	29741	15206	
9	9	C	9000	.	.	28680	.	
10	10	C	2500	.	3	6256	2480	
11	11	C	6479	0	7	6665	18400	
12	12	C	800	.	2	4814	2076	
13	13	C	8636	.	3	59291	.	
14	14	C	45734	.	.	511756	1646254	
15	15	C	1992	.	.	22050	39571	
16	16	C	6296	.	43	220449	.	
17	17	C	600	0	2	2192	1361	
18	18	C	20010	1	.	58943	.	
19	19	C	1000	.	6	5214	2106	
20	20	C	1000	0	4	6257	2509	

〈그림 8.4.6〉 회귀대체 결과 생성 파일(일부)

8.5 EM 방법

자본금 변수에 대하여 EM 방법을 사용하여 회귀대체와 비교해보기로 하자. EM 방법은 보통 정규분포를 가정하고 대체하는 기법이므로 본 자료에 적합할지는 의문이 있다. 기울어진 분포를 적절한 변환(예를 들어 로그변환 등)으로 대칭적인 분포로 만들어준 후 분석하는 것이 바람직하다. 또한 독립변수에 결측이 있는 경우에는 EM 방법을 적용할 수 없다. 여기에서는 결측이 없는 부채총계 변수만으로 자본금 변수의 결측치를 대체(<그림 8.5.1>의 왼쪽)해 보기로 한다. 결측값 분석의 대화상자에서 EM에 체크 표시를 하고 〈EM〉 단추를 선택한다. <그림 8.5.1>의 오른쪽 화면이 나타날 것이다. 정규분포 등 분포를 가정하는 것이 회귀대체와 다른 점이다. 〈변수〉 단추는 회귀대체와 동일하므로 결과를 보기로 하자.

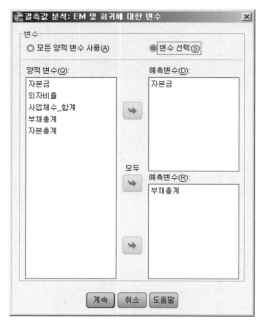
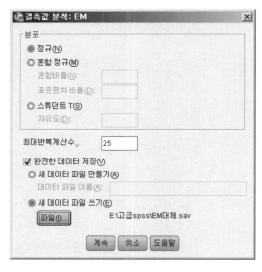

〈그림 8.5.1〉 변수 선택과 EM 방법 대화상자

추정된 평균의 요약

	자본금	외자비율	사업체수_합계	부채총계	자본총계
모든 값	12200.40	7.92	4.06	64590.44	28733.03
EM	6891.81				

〈그림 8.5.2〉 EM 방법에 의한 대체 후 평균

• <그림 8.5.2>에서 EM 방법에 의한 자본금의 평균이 산출되었다. 이 예제에서 전체 평균에 비하여 EM 방법은 낮게 추정되고 있음을 볼 수 있다. 부채총계에 의해서만 추정된 결과로 보인다.

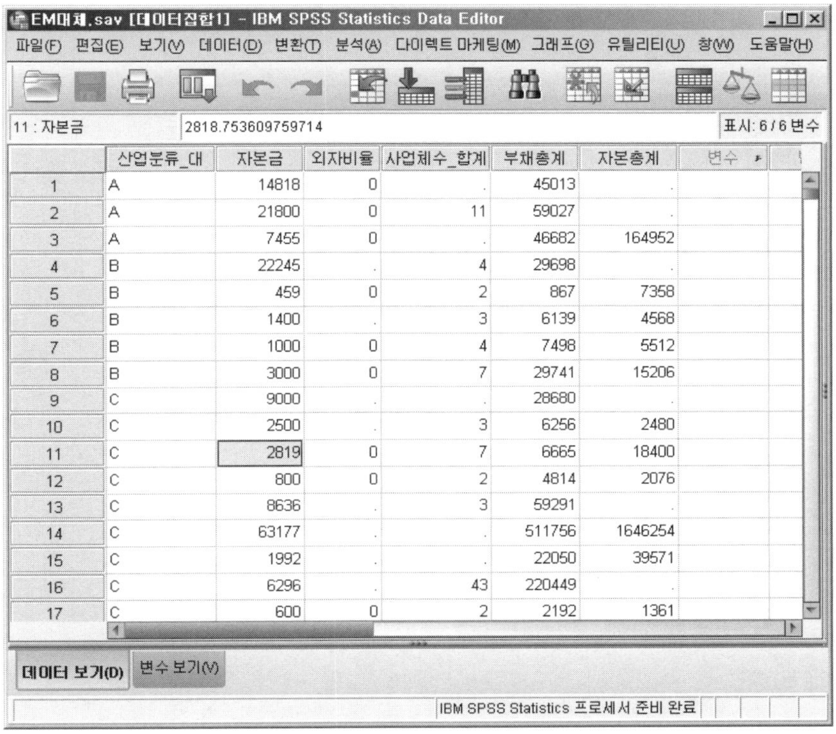

〈그림 8.5.3〉 EM 대체의 결과

• <그림 8.5.3>에서 11번째 관측치는 자본금이 결측치였으나, EM 방법에 의해 대체되어 2,819로 추정되었다. 일반적으로 자본금은 정규분포를 가정하기 곤란하고, 자본금이 높은 쪽에서 결측이 일어나는 것을 감안하기로 한다. 일반적인 자료라면 회귀와 EM 대체는 거의 비슷한 결과를 주는 것으로 알려져 있다. 왜냐하면 회귀대체는 EM 알고리즘에서 E에 해당하기 때문이다.

연습문제 exercise

8.1   '매출액.xls'를 SPSS로 불러들여 다음 절차를 진행해보라.

       1) 매출액 변수에 대한 결측값 분석을 실시하라.

       2) 회귀대체에 의한 결측값 대체를 실시하라.

       3) EM 방법에 의한 결측값 대체를 실시하라.

8.2   무응답자료에 의하여 대체를 실시하였다. 동일한 대체를 다시 얻을 수 있는가?

8.3   결측값 대체가 필요한 이유를 설명하라.

8.4   범주형 변수가 결측값인 경우 이를 대체하는 방법에 관하여 설명하라.
       (Hint: 판별분석, 로지스틱회귀분석, 의사결정나무분석 등을 활용하라.)

9

다중대입

Multiple Imputation

Advanced IBM **SPSS**

다중대입

한 개의 무응답에 한 개의 값을 대체하는 방법을 단일대체라고 한다면 한 개의 무응답에 두 개 이상의 값을 가지고 대체를 실시하는 방법을 다중대체 또는 다중대입(multiple imputation)이라고 한다. 한 개의 무응답을 그럴듯한 여러 개의 값으로 대체하고 여러 개의 대체된 값들은 무응답이 발생한 값에 대한 불확실성을 반영하게 된다. 무응답 값을 정확하게 알 수가 없으므로 결측값들을 모두 대체한 완결 세트를 여러 개 만들고 이들의 차이에서 오는 분산이 추정량의 분산을 계산할 때 추가되어, 과소 추정되는 문제점을 보완한다. 또한 추정치의 신뢰도 계산 등이 가능해진다. SPSS는 다중대입 모듈과 관련하여 **패턴 분석**과 **결측 데이터값 대입**의 두 가지 부모듈로 구성되어 있다. 결측치에 대한 패턴을 분석하고 유사 관측값으로 대체하는 기능을 갖고 있다.

9.1 패턴 분석

본 장에서 예제로 분석할 파일은 사업체의 매출액, 영업비용 등을 가정한 가상의 자료이다. '사업체자료.sav'로 저장되어 있으며 변수는 id를 제외하고 7개이다(<그림 9.1.1>). 자산총계 변수는 결측이 없고 나머지 변수는 모두 결측값을 가지고 있다.

	id	자본금	사업체수	상용종사자수	자산총계	유형자산당기취득액	매출액	영업비용	변수
1	1	.	3	258	69436	.	.	80897	
2	2	21800	11	332	72225	791	98177	114136	
3	3	7455	5	514	211634	.	.	.	
4	4	22245	.	.	65752	4647	15150	.	
5	5	459	2	.	8225	350	6450	5495	
6	6	.	.	55	10707	318	4473	4933	
7	7	1000	4	91	13010	601	14605	13336	
8	8	.	7	144	44947	.	45881	42117	
9	9	9000	.	126	39417	941	.	34467	
10	10	2500	.	.	8736	327	9476	9178	
11	11	1500	.	95	25065	.	.	.	
12	12	800	2	74	6890	158	11510	10952	
13	13	8636	.	.	172244	5353	.	82192	
14	14	.	169	5174	2158010	.	.	1048412	
15	15	.	2	60	61621	.	.	17238	

〈그림 9.1.1〉 사업체자료.sav(일부)

1 무응답 패턴 분석의 수행 절차는 다음과 같다.

분석 – 다중대입 – 패턴 분석 절차(<그림 9.1.2>)를 수행하면 패턴 분석 대화상자가 나타난다. 무응답의 형태를 분석하는 절차로 본격적인 다중대입에 앞서 자료의 결측값에 대한 다양한 결과를 출력해준다.

〈그림 9.1.2〉 다중대입 메뉴선택 절차

• id를 제외한 모든 변수를 **변수 분석** 란에 이동하여, <그림 9.1.3>처럼 실행해
보기로 한다.

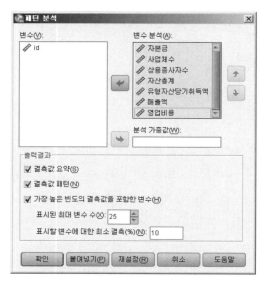

〈그림 9.1.3〉 패턴 분석 대화상자

2 출력결과는 다음과 같다.

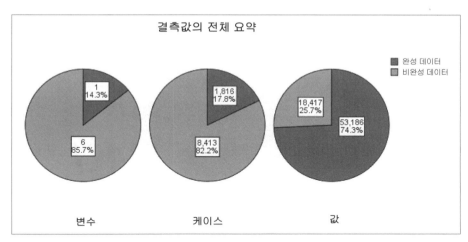

〈그림 9.1.4〉 결측값의 전체 요약

- <그림 9.1.4>는 결측 비율을 변수, 케이스, 자료값 수준별로 산출하여 원도표로 출력하였다. 7개의 변수 중 6개는 적어도 1개 이상의 결측치를 가지고 있음을 보여준다. 또 1,816개의 완전한 케이스가 있으며 8,413개의 케이스는 적어도 1개 이상의 결측치를 가지고 있다. 세 번째, 값에 대한 원도표에서는 총 7개 변수 × 10,229 케이스 = 71,603개의 자료값들 중 53,186(74.3%)개가 결측임을 알려주고 있다.

변수 요약[a],[b]

	결측값		유효수	평균	표준편차
	N	백분율			
영업비용	3070	30.0%	7159	57899.92	506041.300
매출액	3070	30.0%	7159	58754.68	470097.239
유형자산당기취득액	3070	30.0%	7159	3561.50	41375.121
상용종사자수	3069	30.0%	7160	247.68	885.075
사업체수	3069	30.0%	7160	5.31	22.534
자본금	3069	30.0%	7160	12435.56	77571.975

a. 나타난 최대 변수 수: 25
b. 포함할 변수에 대한 최소 결측값(%): 10.0%

〈그림 9.1.5〉 변수 요약

- <그림 9.1.5>는 결측 비율이 10% 이상인 변수들만 보여주고 있다. 이 자료

에서는 거의 비슷한 비율의 결측 자료가 있음을 말해준다.

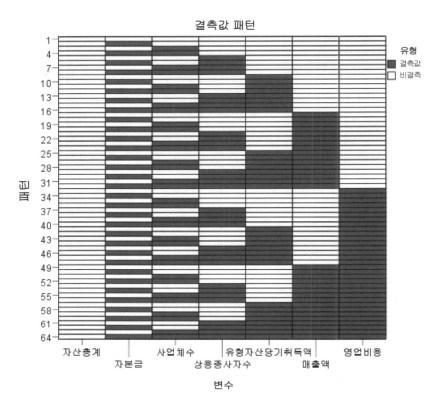

〈그림 9.1.6〉 결측값 패턴

• <그림 9.1.6>의 도표는 결측값 패턴으로 결측 비율이 커지는 순서로 변수들이 왼쪽에서 오른쪽으로 배열된다. 그리고 각 변수의 오른쪽 변수들의 관측·결측 클래스 내에서 상하로 배열된다. 패턴 1은 모든 변수에서 결측치가 없는 경우이고 패턴 2는 자본금 변수만 결측인 경우이다. 모두 64개의 패턴이 나타나고 있으며, 이는 모든 가능한 패턴 수 총 $2^7 = 128$개 중 절반에 해당한다. 만일 결측값 패턴 도표가 계단형을 보인다면, 한 변수가 결측되면 이어지는 모든 변수들이 결측되는 형태임을 뜻한다. 그러나 <그림 9.1.6>은 다양한 패턴이 존재함을 보여주고 있다.

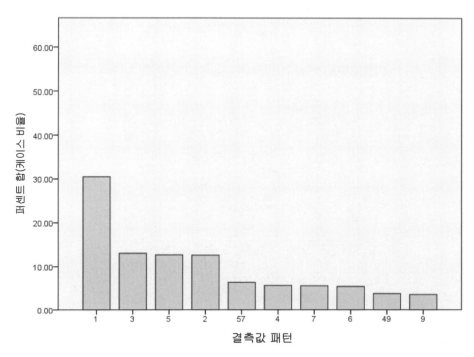

10개의 가장 빈번하게 발생하는 패턴이 차트에 표시되어 있습니다.

〈그림 9.1.7〉 패턴 요약

● <그림 9.1.7>의 도표는 패턴의 상대적 빈도를 보여 준다. 패턴 1(완전 관측)의 빈도가 가장 크고 패턴 3(사업체수 변수만 결측)이 다음 순서이다. 이 도표에서는 비율이 큰 10개의 패턴만 보여주고 있다.

 결측 데이터 값 대입

　본격적인 다중대입 절차를 진행한다. 먼저 난수 생성기 초기값을 고정하고 진행하기로 한다. 매번 달라지는 결과를 같게 얻도록 하기 위함이다. **변환 − 난 수 생성기** 절차를 실행하고 <그림 9.2.1>처럼 지정해준다. 초기값은 임의의 숫 자 93364421로 고정하였다. 향후 세션에 사용하기 위해서 **활성 생성기 설정**에 체크하였다. 〈확인〉 버튼을 누르고 다중대입을 수행하기로 한다.

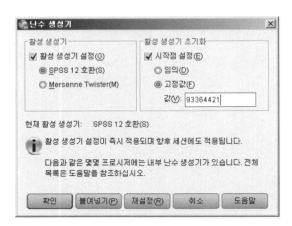

〈그림 9.2.1〉 난수생성기 설정

1　다중대입의 수행 절차는 다음과 같다.

　　분석 – 다중대입 – 결측 데이터 값 대입 절차(<그림 9.2.2>)를 수행하면 결측 데이터 값 대입 대화상자 중 **변수** 탭이 나타난다. id를 제외한 모든 변수를 이동하고 <그림 9.2.3>처럼 설정해보기로 한다. 여기서 **대입** 란에 디폴트로 5라고 되어 있는 것은 대체 자료 집합의 수를 의미한다. 또 **새 데이터 집합 만들기**를 선택하여 **사업체자료_다중대입**이라고 설정하였다. SPSS의 데이터로 생성될 것으로 기대하며, 절차를 진행한 후 저장 가능하다.

〈그림 9.2.2〉 결측 데이터 값 대입 메뉴

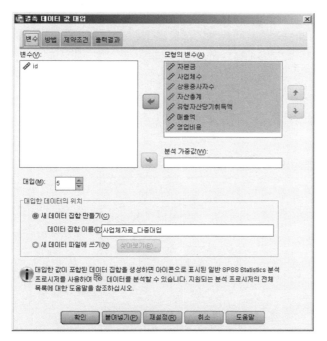

〈그림 9.2.3〉 변수 탭

● **방법** 탭에서는 대입 방법을 선택하는데, 여기서는 디폴트인 자동수행을 하기로 한다. 추정의 제약조건을 정의하는 **제약조건** 탭(<그림 9.2.4>)도 디폴트로 수행하기로 한다. 하지만 제약이 없이 추정하는 것은 결과적으로 의미 없는 값들을 포함할 수 있기 때문에, 사용자는 각 변수에 대하여 최소값이나 최대값 등의 정의가 필요하다. 이때는 〈**데이터 검색**〉 버튼을 사용하여 자료의 최소, 최대값을 알아 본 다음, 제약조건 정의에서 변수마다 정의해주면 그 안에서만 추정되기 때문에 효율적이다.

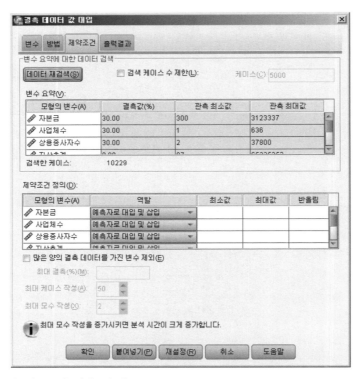

〈그림 9.2.4〉 제약조건 탭

- **출력결과** 탭(<그림 9.2.5>)은 기술통계량에 관련한 설정만 선택하여 수행하기로 한다.

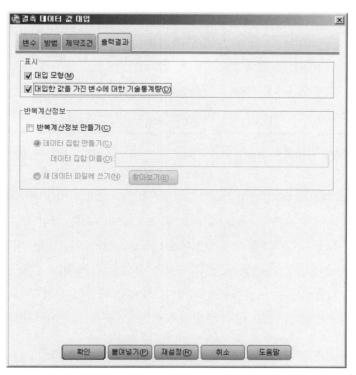

〈그림 9.2.5〉 출력결과 탭

2 출력결과는 다음과 같다.

대입 결과

대입 방법		완전한 조건 지정 사항	
완전한 조건 지정 방법 반복계산			10
종속변수	대입	자본금,사업체수,상용종사자수,유형자산당기취득액,매출액,영업비용	
	대입되지 않음(결측값이 너무 많음)		
	대입되지 않음(결측값 없음)	자산총계	
대입 시퀀스		자산총계,자본금,사업체수,상용종사자수,유형자산당기취득액,매출액,영업비용	

〈그림 9.2.6〉 대입 결과

• <그림 9.2.6>에서 대입 방법으로 완전한 조건 지정 방법을 사용하였다고 보여준다. 완전한 조건 지정(Fully Conditional Specification)은 어떤 변수에 결측이 일어나면 다른 변수도 결측이 일어나는 구조가 아닌 일반적인 패턴의 자료에서 쓰이는 방법이다. 자산총계 변수는 결측이 없으니 대입이 실행되지 않았고 나머지 7개의 변수는 대입이 수행되었다. 하지만 자산총계 변수는 모형에 사용되므로 결측값이 없다고 해서 포함시키지 않는 것은 도움이 되질 않는다.

대입 모형

	모형		결측값	대입된 값
	유형	효과		
자본금	선형 회귀분석	자산총계,사업체수,상용종사자수,유형자산당기취득액,매출액,영업비용	3069	15345
사업체수	선형 회귀분석	자산총계,자본금,상용종사자수,유형자산당기취득액,매출액,영업비용	3069	15345
상용종사자수	선형 회귀분석	자산총계,자본금,사업체수,유형자산당기취득액,매출액,영업비용	3069	15345
유형자산당기취득액	선형 회귀분석	자산총계,자본금,사업체수,상용종사자수,매출액,영업비용	3070	15350
매출액	선형 회귀분석	자산총계,자본금,사업체수,상용종사자수,유형자산당기취득액,영업비용	3070	15350
영업비용	선형 회귀분석	자산총계,자본금,사업체수,상용종사자수,유형자산당기취득액,매출액	3070	15350

〈그림 9.2.7〉 대입 모형

- 〈그림 9.2.7〉은 선형회귀를 이용하여 자본금의 결측값을 추정하였음을 알려준다. 5개의 대체 집합을 만들게 되므로 대입된 값은 15,345개가 되었다. 만일 범주형 변수라면 로지스틱 회귀를 적용하게 된다.

자본금

데이터	대입	N	평균	표준편차	최소값	최대값
원래 데이터		7160	12435.56	77571.975	300.00	3123337.00
대입된 값	1	3069	11915.46	94273.073	-345375.41	2625437.14
	2	3069	15471.95	131836.914	-174964.74	4727962.01
	3	3069	13977.67	125357.893	-228697.82	4357858.74
	4	3069	12776.71	129063.456	-212251.52	4563699.54
	5	3069	11514.23	87203.053	-325696.60	2455779.59
대입 후 데이터 완료	1	10229	12279.51	82932.309	-345375.41	3123337.00
	2	10229	13346.57	97094.712	-174964.74	4727962.01
	3	10229	12898.24	94478.041	-228697.82	4357858.74
	4	10229	12537.91	95960.516	-212251.52	4563699.54
	5	10229	12159.13	80579.324	-325696.60	3123337.00

〈그림 9.2.8〉 기술통계량 중 자본금 변수

● 기술통계량이 변수마다 출력이 되었는데, '자본금' 변수의 결과만 〈그림 9.2.8〉에 언급하였다. **제약조건** 탭에서 디폴트로 실행하였기 때문에 음(−)의 값도 대입되어 있음을 볼 수 있다. 적절한 최소값과 최대값의 언급이 필요함을 말해준다. 〈그림 9.2.9〉는 새로운 SPSS 데이터 집합(사업체자료_다중대입)으로 다중대입된 결과를 보여준다. Imputation_변수는 몇 번째 대체 집합인지를 알려주며(0인 경우는 원래 자료), 음영으로 나타난 부분이 결측값 대체되었음을 의미한다.

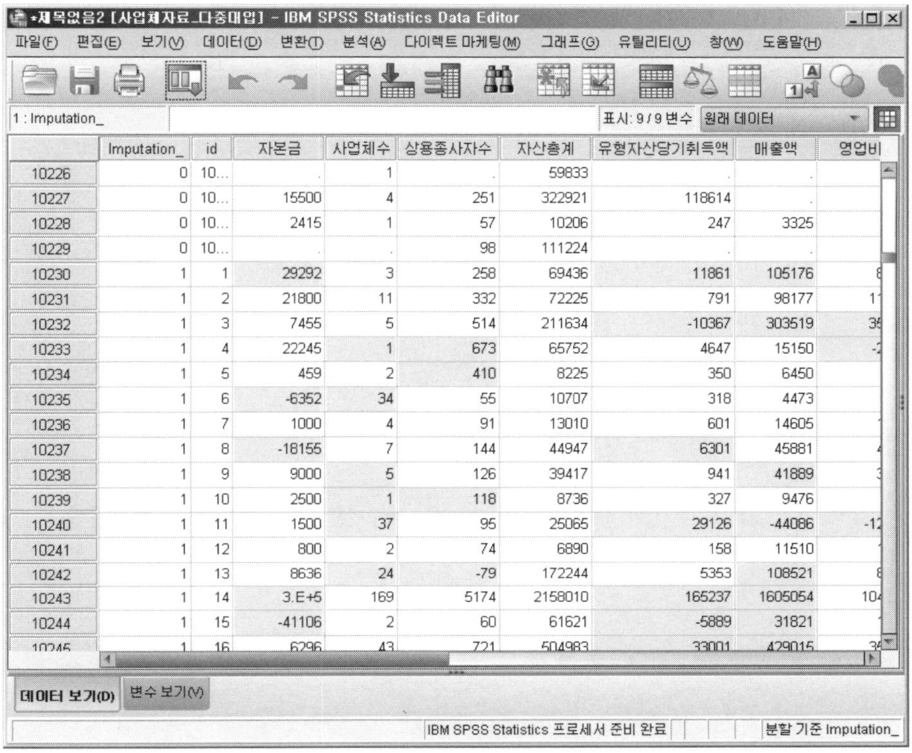

	Imputation_	id	자본금	사업체수	상용종사자수	자산총계	유형자산당기취득액	매출액	영업비
10226	0	10...	.	1	.	59833	.	.	
10227	0	10...	15500	4	251	322921	118614	.	
10228	0	10...	2415	1	57	10206	247	3325	
10229	0	10...	.	.	98	111224	.	.	
10230	1	1	29292	3	258	69436	11861	105176	
10231	1	2	21800	11	332	72225	791	98177	
10232	1	3	7455	5	514	211634	-10367	303519	
10233	1	4	22245	1	673	65752	4647	15150	
10234	1	5	459	2	410	8225	350	6450	
10235	1	6	-6352	34	55	10707	318	4473	
10236	1	7	1000	4	91	13010	601	14605	
10237	1	8	-18155	7	144	44947	6301	45881	
10238	1	9	9000	5	126	39417	941	41889	
10239	1	10	2500	1	118	8736	327	9476	
10240	1	11	1500	37	95	25065	29126	-44086	
10241	1	12	800	2	74	6890	158	11510	
10242	1	13	8636	24	-79	172244	5353	108521	
10243	1	14	3.E+5	169	5174	2158010	165237	1605054	
10244	1	15	-41106	2	60	61621	-5889	31821	
10245	1	16	6296	43	721	504983	33001	429015	

〈그림 9.2.9〉 다중대입 결과

- <그림 9.2.9>와 같이 다중대입된 자료는 기술통계량의 산출, 상관분석, 회귀분석, 일반화 선형모형, 비모수검정 등 여러 분석 절차에 폭넓게 사용될 수 있다.

연습문제 exercise

9.1 '사업체자료.sav' 자료를 이용하여 다음에 답하라.

1) 다중대입 절차에서 제약조건에 적절한 최소값을 제시한 후 실행해보라. 모든 변수를 한번에 대체하는 것은 알고리즘상에서 멈춤이 발생할 수도 있다. 가장 관계가 있는 변수를 골라서 대체하는 방법을 고려해보라.

2) 결측값이 있는 변수 2개만 임의로 골라 다중대입을 실시해보라.

9.2 '기업활동실태조사.sav'를 이용하여 적절한 다중대입을 실시해보라.

9.3 결측값 대체는 그 자체로 통계분석의 최종 목표는 아니다. 통계분석을 위한 사전 처리로서 하게 되는 것이다. 만일 결측값이 많은 경우 대체를 하지 않을 때는 어떤 손해를 감수해야 하는지 회귀분석이나 요인분석의 예를 들어 설명해보라.

10

품질관리(관리도)

Quality Control

Advanced IBM **SPSS**

품질관리(관리도)

통계적 방법의 응용 범위는 매우 다양하다. 그 중에서도 제품의 설계 및 생산 과정에서 품질을 높이기 위한 수단인 품질관리(quality control)에 통계적 방법이 많이 사용된다. 이 장에서는 품질관리용으로 가장 흔히 사용되는 관리도(control chart) 기법과 파레토 도표에 대하여 소개하기로 한다.

10.1 관리도의 개념과 관리상태의 판정

10.1.1 관리도란?

관리도(control chart)란 관심 있는 임의의 통계량(표본평균, 표본비율, 표본범위 등)에 대하여 시간이 흐름에 따라서 이 통계량이 어떤 변화를 하는가를 탐지하기 위하여 이 통계량 변화의 중심선(center line)과 중심선 상하에 한 쌍의 관리한계선(control limits)으로 구성된 그래프를 말하며, 이것을 사용하는 방법을 관리도법(control charts method)이라고 말한다.

관리도를 작성하는 중요한 목적은 관심이 있는 제품의 공정(process)에 관한 데이터를 가능한 빨리 수집하여 공정에 이상요인이 발생하는 경우 이를 탐지하여 수정조치를 취함으로써 불량제품의 발생을 사전에 억제하고, 이들 정보를 관리·해석하여 공정의 산포를 효율적으로 관리해나가는 데 있다.

관리도는 1924년에 Bell 전화연구소의 W.A. Shewhart 박사에 의하여 처음으로 소개되었다. 우리나라에 관리도법이 쓰이기 시작한 것은 1963년에 한국산업규격으로 KS A3201(관리도법)이 제정되어, KS(한국산업규격: Korean Industrial Standards) 표시 허가 공장을 중심으로 일반 생산 공장에 파급되면서부터라고 말할 수 있다.

만일 품질특성을 나타내는 모든 점들이 관리한계선 내에 위치하고, 점의 움직임에 어떤 습성(pattern)이 없으며 생산 공정에 있어서 품질변동이 우연원인에 의해서만 발생하는 경우, 그 공정은 관리상태(under control)하에 있다고 말한다. 이와 반대로 한 점이라도 관리한계선을 벗어나거나 또는 어떤 습성이 발견되면 공정에는 어떤 이상상태(out of control)의 가능성이 있다고 말한다. 이 경우에는 이상을 발생시키는 원인을 추적하여 만일 문제점이 발견되면 그 원인을 제거시켜 또다시 이와 같은 이상상태가 다시 발생하지 못하도록 관리하여 주어야 한다.

10.1.2　선택 가능한 관리도의 유형

관리도의 분류는 보통 사용하는 통계량에 의하여 실시하고, 다음과 같은 것들이 있다.

1) 변수 도표: 계량형 관리도(control charts for variables)

① 평균값(mean) 관리도: X-Bar 관리도
② 범위(range) 관리도: R 관리도
③ 표준편차 관리도: s 관리도
④ 개개의 측정값(individual observation) 관리도: 개별 관리도
⑤ 이동범위(moving range: 인접한 두개의 개개 측정값의 차) 관리도: 이동범위 관리도

2) 속성 도표: 계수형 관리도(control charts for attributes)

① 불량률(defective rate) 관리도: p 관리도
② 불량개수(number of defectives) 관리도: np 관리도
③ 결점수(number of defects) 관리도: c 관리도
④ 단위당 결점수(number of defects per unit) 관리도: u 관리도

그러나 SPSS에서는 관리도를 네 가지 유형으로 나누어 선택 가능하게 만들어 놓았다. 이들 네 가지 유형은 다음과 같다.

① X-Bar, R, s 관리도
② 개별, 이동범위 관리도
③ p, np 관리도
④ c, u 관리도

위의 유형 분류를 보면 처음의 두 개는 변수 도표(계량형 관리도)이고, 마지막 두 개는 속성 도표(계수형 관리도)들이다. 이들이 실무에서 가장 많이 사용되는 관리도들이다.

10.1.3 공정능력지수와 규격

1) 공정능력지수

공정능력지수(process capability index)는 품질경영을 위한 통계적 공정관리(Statistical Process Control: SPC)에서 가장 많이 사용되는 지수 중의 하나이며, 다음과 같이 세 가지로 나누어 정의한다.

(1) 양쪽 규격이고 치우침이 없는 경우

어떤 공정의 품질 특성치에 대해 규격상한(upper specification limit: USL)과 규격하한(lower specification limit: LSL)이 주어져 있고, 품질특성치의 분포가 양쪽 규격의 중앙에 위치해 있는 경우에 공정능력지수는 식 (10.1)과 같이 구한다.

$$Cp = \frac{USL - LSL}{6\sigma} \tag{10.1}$$

여기에서 이 공정능력지수에 의한 공정능력의 판단 기준은 일반적으로 <표 10.1>과 같다.

〈표 10.1〉 공정능력지수에 의한 공정능력의 판단

Cp 값	공정능력의 판단
2.0 이상	최상급
1.67 ~ 2.0	매우 우수
1.33 ~ 1.67	우수
1.0 ~ 1.33	보통
0.67 ~ 1.0	나쁨
0.67 이하	매우 나쁨

(2) 양쪽 규격이고 치우침이 있는 경우

품질특성치의 분포가 양쪽 규격의 중앙에 위치해 있지 않고 <그림 10.1.1>과 같이 한쪽으로 치우쳐 있는 경우에는 치우침을 고려한 공정능력지수(이를

Cpk로 표시)를 사용한다. 규격의 중심치를 M, 평균을 μ로 나타내고 치우침도를 K로 표시하면 공정능력지수는

$$Cpk = (1-K)Cp \tag{10.2}$$

으로 정의된다. 여기서 치우침도는

$$K = \frac{|M-\mu|}{\dfrac{(USL-LSL)}{2}} \tag{10.3}$$

으로 얻어진다. 여기서도 μ를 모르는 경우에는 표본평균을 사용한다.

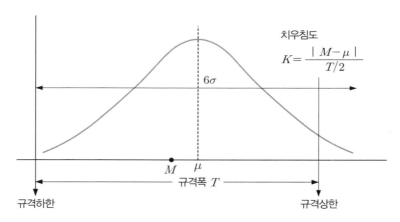

〈그림 10.1.1〉 치우침이 있는 경우

(3) 한쪽 규격인 경우

규격이 한쪽에만 있는 경우에는 다음과 같이 계산한다.

$$규격상한만 \ 있는 \ 경우: \ Cp = \frac{USL-\mu}{3\sigma} \tag{10.4}$$

$$규격하한만 \ 있는 \ 경우: \ Cp = \frac{\mu-LSL}{3\sigma} \tag{10.5}$$

위에서 식 (10.4)로 구한 Cp를 CpU라고 구별하기도 하고, 식 (10.5)로 구한

Cp를 CpL이라고 부르기도 한다.

2) 공정성능지수, Pp

식 (10.1)에 있는 공정능력지수는 분모에 표준편차 σ를 사용한다. 이 σ의 계산 방법으로 두 가지가 있다. 하나는 부분군 내의 산포로부터 구하는 단기간 내의 표준편차 계산이고, 또 하나는 부분군 간의 차이도 고려하여 전체 데이터로부터 구하는 표준편차이다. 앞의 방법으로 구한 표준편차를 단기간으로 구한 표준편차(σ_s)라고 하고, 뒤에서 구한 표준편차는 장기간으로 구한 표준편차(σ_1)라고 한다. 공정능력지수에서는 σ_s를 사용하고, 공정성능지수(process performance index)에서는 σ_1을 사용한다.

공정성능지수도 식 (10.1)과 동일하나 표준편차 계산 방법에서 차이가 난다. σ_1이 σ_s보다 일반적으로 크므로 공정성능지수 Pp는 공정능력지수 Cp보다 작다. 공정성능지수의 경우에도 공정능력지수와 동일하게 PpU, PpL을 사용한다.

10.1.4 관리한계선의 설정과 가설검정

관리도에서는 공정이 정상 상태에 있을 때, 점을 찍는 품질특성치(또는 관심이 있는 통계량)의 평균값에 해당하는 선을 중심선(center line: CL)이라 하고, 중심선에서 품질특성치(또는 통계량)의 표준편차(σ)의 3배 위에 있는 관리한계선을 관리상한선(upper control limit: UCL), 중심선에서 3σ 아래에 있는 관리한계선을 관리하한선(lower control limit: LCL)이라고 부른다. 이를 그림으로 나타낸 것이 <그림 10.1.2>이다.

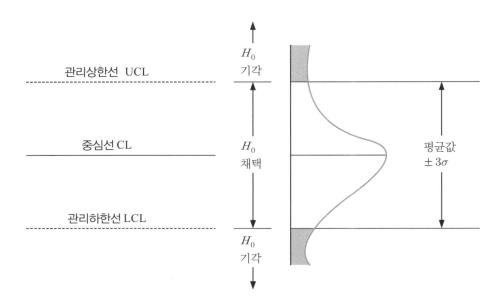

〈그림 10.1.2〉 관리한계선과 가설검정

　품질특성치가 정규분포를 따르는 경우에 품질특성치가 $\pm 3\sigma$ 안에 들어 있을 확률은 99.73%로 매우 높다.

　관리도에서의 이상 유무 판정은 가설검정을 하는 행위라고 볼 수 있다. X-Bar 관리도를 사용하는 경우에 가설은

$$H_0 : u = u_0, \quad H_1 : u \neq u_0$$

이 된다. 여기서 u_0를 중심선(CL)과 동일하다고 하자. 이 가설을 검정하는 방법은 표본 평균 X-Bar가 관리한계선 안에 위치하면 귀무가설을 채택하고, 관리한계선을 벗어나면 귀무가설을 기각하는 것이다.

　이렇게 가설검정을 하는 경우에 옳은 귀무가설을 기각하는 오류(제1종의 과오: α)는 정규분포인 경우에 0.23%에 불과하므로 매우 좋다고 볼 수 있다. 그러나 관리한계선의 폭이 넓기 때문에 모평균 u가 약간 변화하여 대립가설이 옳은 경우에는 옳은 대립가설을 부정할 확률(제2종의 과오: β)이 상당히 높게 된다.

10.1.5 부분군의 형성과 크기

부분군(subgroup)이란 동일 조건하에서 랜덤하게 추출된 일단의 측정치들을 말하며, 크기 n의 시료가 k조 있을 때 우리는 k조의 부분군(시료군)이 있다고 말한다. 부분군을 간단히 군(group)이라고 부르기도 한다.

관리도는 이 부분군의 통계적인 성질에 민감하므로, 부분군의 형성에 세심한 주의를 하여야 한다. 일반적으로 부분군 내부의 변동(variation within subgroup)은 우연원인에 의한 변동만이 있도록 하고, 이상원인에 의한 변동이 존재할 경우에는 이것은 부분군 간의 변동(variation between subgroups)에 들어가도록 부분군을 형성하는 것이 가장 이상적이다. 이러한 성질을 만족시키는 부분군을 합리적인 부분군(rational subgroups)이라 한다.

실제로 관리도에 부분군의 형성 기준으로 흔히 사용되는 것은 작업조, 작업시간, 로트(lot), 생산설비 등의 차로 인한 형성이다.

10.1.6 관리상태의 판정

관리도를 사용할 때 관리상태(under control)를 벗어났다고 판단하는 경우는 일반적으로 다음과 같은 8가지를 이야기한다.

① 관리한계선을 벗어난 점이 있는 경우
② 중심선(center line)을 기준으로 어느 한 쪽에만 연속적으로 9개의 점이 나타나는 경우
③ 연속하여 6점이 증가하거나 감소하는 경우
④ 연속해서 14점이 위(증가) 아래(감소)로 한 번씩 찍히는 경우
⑤ 연속 3점 중 2점이 2σ 한계선과 3σ 한계선 사이에 있는 경우
⑥ 5점 중 4점이 1σ 한계선을 벗어나는 경우
⑦ 15점이 연속적으로 1σ 한계선 안에 있는 경우
⑧ 연속해서 8점이 1σ 한계선을 벗어나는 경우

이들에 대하여 상세히 살펴보자.

(1) 관리한계선을 벗어난 점이 있는 경우(3σ 관리한계선 위나 아래)

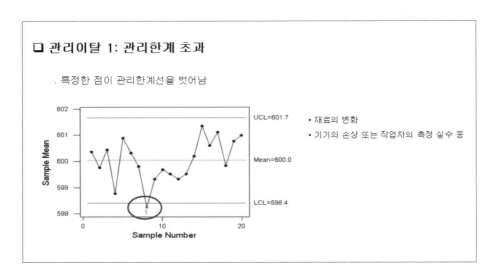

(2) 중심선을 기준으로 한쪽에만 연속적으로 9개의 점이 나타나는 경우

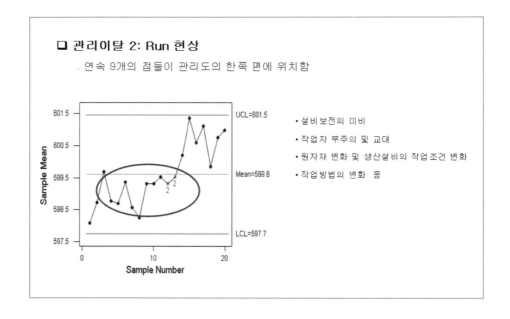

(3) 연속하여 6점이 증가하거나 감소하는 경우

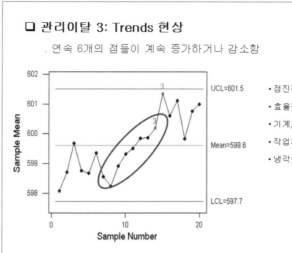

(4) 연속해서 14점이 위(증가) 아래(감소)로 한 번씩 찍히는 경우

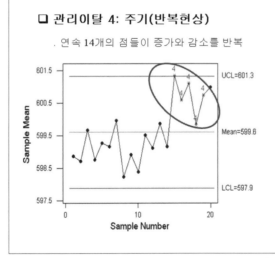

(5) 연속 3점 중 2점이 2σ 한계선과 3σ 한계선 사이에 있는 경우

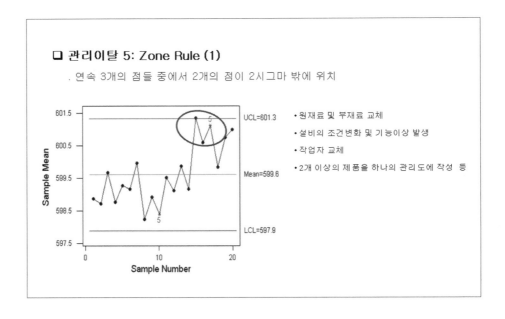

(6) 5점 중 4점이 1σ 한계선을 벗어나는 경우

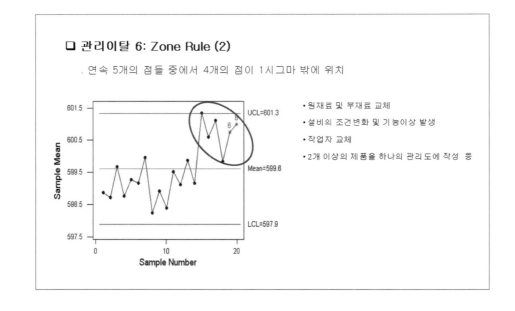

(7) 15점이 연속적으로 1σ 한계선 안에 있는 경우

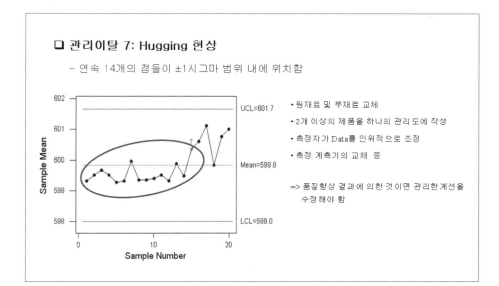

(8) 연속해서 8점이 1σ 한계선을 벗어나는 경우

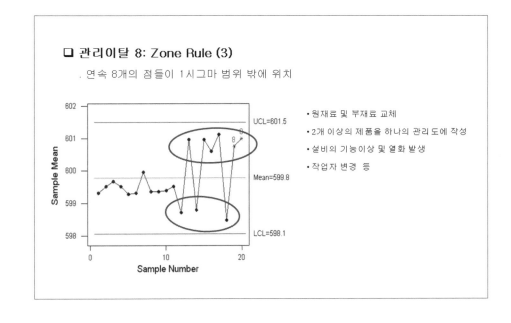

10.2 계량형 관리도

10.2.1 X-Bar 관리도와 R 관리도

크기 $n(n>1)$인 k조의 부분군(시료군) 데이터가 얻어졌을 때 평균의 변화를 탐지하기 위하여 X-Bar($\bar{x}$, 평균)에 대한 관리도를 그리며, 부분군 내의 개개 데이터의 변동을 탐지하여 산포를 관리하기 위하여 R(범위) 관리도를 그린다. R 관리도 대신에 부분군의 표준편차를 구하여 s 관리도를 그리기도 한다. 일반적으로 $\bar{x} - R$ 관리도를 많이 사용한다.

1) X-Bar 관리도의 관리한계선

관리도를 작성하기 위해서는 일반적으로 크기 $n=2\sim6$ 정도의 부분군을 약 k개(20개 이상) 정도 취하여 측정한다. 개개의 측정값 x가 $N(u, \sigma^2)$의 정규분포에 따르는 공정이라면 중심극한 정리(central limit theorem)에 의하여 $x_1, x_2, \cdots, x_n$의 평균값 $\bar{x}$는 모평균 u와 표준편차 $\sigma/\sqrt{n}$의 정규분포에 따르게 된다. 따라서 $\bar{x}$ 관리도의 3σ 관리한계선은 u와 σ를 알고 있는 경우에는 다음과 같이 주어진다.

u와 σ 기지인 경우:

$$CL = u$$

$$UCL = u + \frac{3}{\sqrt{n}}\sigma$$

$$LCL = u - \frac{3}{\sqrt{n}}\sigma$$

그러나 실제로 u와 σ를 모르므로 u의 추정값으로는 n개 데이터의 평균들 $\bar{x_1}, \bar{x_2}, \cdots, \bar{x_k}$의 평균값인 $\bar{\bar{x}}$을 사용한다. k개의 부분군에서의 각각의 범위를 $R_1, R_2, \cdots, R_k$라 하고, 이들의 평균을 $\bar{R}$라 하자. 그러면 σ는 $\bar{R}$의 크기에 비

례하게 된다. 이들 간의 비례상수는 다음과 같이 알려져 있다.

$$\hat{\sigma} = \overline{R} / d_2 \qquad (10.6)$$

여기서 d_2는 부분군의 크기 n에 따라서 달라지는 상수(constant)로 <표 10.2>에서 구할 수 있다. 개개의 측정값 x가 $N(u, \sigma^2)$의 정규분포에 따르는 경우에 크기 n의 시료를 취했을 때 범위 R의 기댓값과 표준편차는 수리통계학에서

$$E(R) = d_2\,\sigma, \quad D(R) = d_3\,\sigma \qquad (10.7)$$

으로 알려져 있다. 따라서 $\overline{x} - R$ 관리도의 관리한계선을 다음과 같이 구한다.

u와 σ 미지인 경우:

$$CL = \overline{\overline{x}}$$
$$UCL = \overline{\overline{x}} + 3\,\hat{\sigma}/\sqrt{n} = \overline{\overline{x}} + 3(\overline{R}/d_2)/\sqrt{n} = \overline{\overline{x}} + A_2\overline{R} \qquad (10.8)$$
$$LCL = \overline{\overline{x}} - 3\,\hat{\sigma}/\sqrt{n} = \overline{\overline{x}} - 3(\overline{R}/d_2)/\sqrt{n} = \overline{\overline{x}} - A_2\overline{R}$$

단 $A_2 = 3/d_2\sqrt{n}$ 으로 <표 10.2>에서 찾을 수 있다.

〈표 10.2〉 관리도용 계수표

시료의 크기 n	$\bar{x}$ 관리도		s 관리도				R 관리도					
	A_2	A_3	B_1	B_2	B_3	B_4	d_2	d_3	D_1	D_2	D_3	D_4
2	2.121	1.880	0	1.843	0	3.267	1.128	0.853	0	3.686	0	3.267
3	1.762	1.023	0	1.858	0	2.568	1.693	0.888	0	4.358	0	2.575
4	1.501	0.729	0	1.808	0	2.266	2.059	0.880	0	4.698	0	2.282
5	1.342	0.577	0	1.756	0	2.089	2.326	0.864	0	4.918	0	2.115
6	1.225	0.483	0.026	1.711	0.030	1.970	2.534	0.848	0	5.078	0	2.004
7	1.134	0.419	0.105	1.672	0.118	1.882	2.704	0.833	0.205	5.203	0.076	1.924
8	1.061	0.373	0.167	1.638	0.185	1.815	2.847	0.820	0.387	5.307	0.136	1.864
9	1.000	0.337	0.219	1.609	0.239	1.761	2.970	0.808	0.546	5.394	1.184	1.816
10	0.949	0.308	0.262	1.584	0.284	1.716	3.078	0.797	0.687	5.469	0.223	1.777
11	0.905	0.285	0.299	1.561	0.321	1.679	3.173	0.787	0.812	5.524	0.256	1.744
12	0.866	0.266	0.331	1.541	0.354	1.646	3.258	0.778	0.924	5.592	0.284	1.719
13	0.832	0.249	0.359	1.523	0.382	1.618	3.336	0.770	1.026	5.646	0.308	1.692
14	0.802	0.235	0.384	1.507	0.406	1.594	3.407	0.762	1.121	5.693	0.329	1.671
15	0.775	0.223	0.406	1.492	0.428	1.572	3.472	0.755	1.207	7.797	0.348	1.652
16	0.750	0.212	0.427	1.478	0.448	1.552	3.532	0.749	1.285	5.779	0.364	1.636
17	0.728	0.203	0.445	1.465	0.466	1.564	3.588	0.743	1.359	5.817	0.379	1.621
18	0.707	0.194	0.461	1.454	0.482	1.518	3.640	0.738	1.426	5.854	0.392	1.608
19	0.688	0.187	0.477	1.443	0.497	1.503	3.689	0.733	1.490	5.888	0.404	1.596
20	0.671	0.180	0.491	1.433	0.510	1.490	3.735	0.729	1.548	5.922	0.414	1.586

2) R 관리도의 관리한계선

식 (10.3)으로부터 R 관리도의 관리한계선은 다음과 같이 정할 수 있다.

$$CL = d_2\, \hat{\sigma} = d_2(\overline{R}/d_2) = \overline{R}$$

$$UCL = (d_2 + d_3)\hat{\sigma} = (d_2 + d_3)(\overline{R}/d_2) = (1 + 3\, d_3/d_2)\, \overline{R} = D_4\overline{R} \qquad (10.9)$$

$$LCL = (d_2 - d_3)\hat{\sigma} = (d_2 - d_3)(\overline{R}/d_2) = (1 - 3\, d_3/d_2)\, \overline{R} = D_3\overline{R}$$

여기서 $D_4 = (1 + 3\, d_3/d_2)$이고, $D_3 = (1 - 3\, d_3/d_2)$로 <표 10.2>에서 찾을

수 있다.

10.2.2 개별과 이동범위($x-Rs$) 관리도

개개의 측정값(x) 관리도는 부분군을 추출할 때에 여러 개의 데이터를 구할 수 없고, 단 하나의 데이터만을 구할 수 있는 경우에 사용된다. 예를 들면 장치 산업에서는 공정의 수율은 보통 1일 성적으로 나오는 경우가 많으므로 1일 1회 밖에 측정값을 얻을 수 없다. 또는 측정값을 구하는 것이 비용이 너무 많이 들어 하나의 부분군에서 2개 이상의 데이터를 구하는 것이 어려운 경우에도 이 관리도가 사용된다.

1) 관리한계선의 계산

만약 개개의 데이터 $x_1, x_2, \cdots, x_k$가 $N(u, \sigma^2)$의 공정에서 얻어졌다 하자. 이들을 간단히 나열하면 다음과 같다.

데이터 번호	1	2	3	...	k	평균
데이터	x_1	x_2	x_3	...	x_k	$\overline{x}$
이동범위	–	Rs_1	Rs_2	...	Rs_{k-1}	$\overline{Rs}$

여기서 $Rs_1 = x_2 - x_1$, $Rs_2 = x_3 - x_2$ 등으로 옆의 데이터와의 차이를 말한다. 개개의 측정값(x) 관리도는 개개의 데이터를 타점하는 관리도이고, 이동범위(Rs) 관리도는 이동범위를 타점하는 관리도이다.

(1) x 관리도의 한계선

u와 σ가 기지인 경우:

$$CL = u$$
$$UCL = u + 3\sigma$$
$$LCL = u - 3\sigma$$

u와 σ가 미지인 경우:

$$CL = \bar{x}$$
$$UCL = \bar{x} + 3(\overline{Rs}/d_2) = \bar{x} + 3(\overline{Rs}/1.128) = \bar{x} + 2.66\overline{Rs} \qquad (10.10)$$
$$LCL = \bar{x} - 3(\overline{Rs}/d_2) = \bar{x} - 3(\overline{Rs}/1.128) = \bar{x} - 2.66\overline{Rs}$$

여기에서 $d_2 = 1.128$인 이유는 이동범위가 옆에 있는 두 개 데이터 간의 범위이므로 $n=2$개의 데이터의 범위이고, 이 경우에 $d2$의 값은 <표 10.2>에서 1.128이 된다.

(2) Rs 관리도의 한계선

Rs 관리도는 범위(R) 관리도의 UCL과 LCL을 그대로 사용할 수 있다. 그러나 이 경우는 이동범위를 구하는 데 두 개의 데이터만 사용하였으므로 <표 10.2>에서 $D_4 = 3.27$이고, D_3는 값이 없으므로 생각할 필요가 없다.

$$CL = \overline{Rs}$$
$$UCL = D_4\overline{Rs} = 3.27\overline{Rs} \qquad (10.11)$$
$$LCL = D_3\overline{Rs} = 0.0\overline{Rs} = 0.0$$

10.2.3 X-bar와 R 관리도 사용 절차

어떤 화학공장에서 4시간마다 6개의 batch에서 샘플링한 화학약품에 대하여 ph값을 측정하여 기록한 데이터이다. 데이터 측정 시간(time)은 40개($k=40$)의 시점이었으며, 각 시점에서 6개($n=6$)의 batch에서 시료를 채취하여 ph값을 측정하였으므로 총 240개의 자료가 있다. 하나의 shift에서 3개 시점의 데이터를 측정한 것을 shift 번호로 기록하였다. 한 shift는 하루에 12시간 근무이다. <표 10.3>은 자료의 일부(자료 파일: chemical.sav)이다.

〈표 10.3〉 화학공장 ph값 예제 데이터(일부)

number	time	batch	shift	ph	평균 (batch 간)	범위 (batch 내)
1	1	1	1	4.98	4.78	0.36
2	1	2	1	4.65		
3	1	3	1	4.91		
4	1	4	1	4.62		
5	1	5	1	4.84		
6	1	6	1	4.69		
7	2	1	1	4.52	4.65	0.82
8	2	2	1	4.73		
9	2	3	1	5.05		
10	2	4	1	4.83		
11	2	5	1	4.56		
12	2	6	1	4.23		
13	3	1	1	4.70	4.84	0.48
14	3	2	1	4.97		
15	3	3	1	4.97		
16	3	4	1	4.61		
17	3	5	1	4.71		
18	3	6	1	5.09		
19	4	1	2	5.06	4.98	0.28
20	4	2	2	4.92		
21	4	3	2	4.93		
22	4	4	2	4.83		
23	4	5	2	5.02		
24	4	6	2	5.11		
...	...	...	...	...	...	...
235	40	1	2	4.91	4.95	0.47
236	40	2	2	5.14		
237	40	3	2	5.02		
238	40	4	2	4.69		
239	40	5	2	5.16		
240	40	6	2	4.76		

1　분석 절차

　주 메뉴에서 **분석 – 품질관리 – 관리도** 절차를 선택하면 <그림 10.2.1>과 같은 도표 지정 화면이 나온다. 여기에서 X–Bar와 R 관리도를 선택하자. 또 케이스들이 단위로 측정되었으므로 데이터 구성에서는 이를 선택한다.

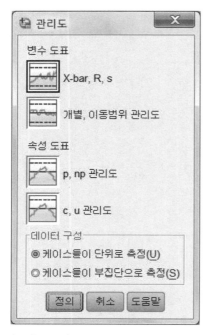

〈그림 10.2.1〉 X–Bar R, s의 지정

　그 다음으로 <그림 10.2.2>와 같이 **공정측정**으로 ph값을, 부집단(부분군)을 구성하는 변수는 time 변수이므로 이를 입력한다. **도표**는 '범위를 사용하는 X–Bar'를 선택하고, R 도표도 표시하기로 한다.

〈그림 10.2.2〉 측정변수 및 부집단 변수 선택

다음으로 이상상태를 판정하는 기준으로 **제어 규칙** 탭을 선택한다. SPSS에서는 모든 가능한 제어 규칙이 11개가 있다. 이를 나타낸 것이 <그림 10.2.3>이다. 여기서는 **모든 제어 규칙 선택**을 하도록 하자.

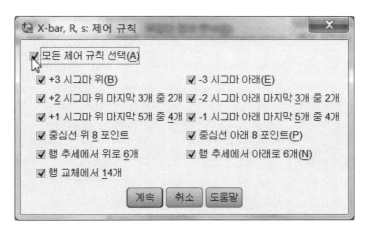

〈그림 10.2.3〉 제어 규칙 선택

통계량 대화상자에서 공정능력지수나 공정성능지수를 선택하여 구할 수 있다. 이를 나타내보면 <그림 10.2.4>와 같다.

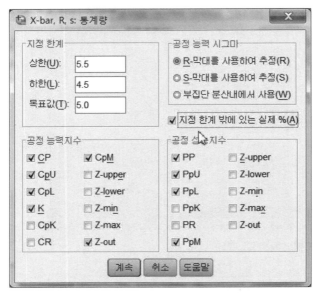

〈그림 10.2.4〉 공정관리용 통계 정보

2 출력 화면

앞에서 입력된 정보에 의하여 관리도를 출력하여 보면 <그림 10.2.5>의 X−Bar 관리도와 <그림 10.2.6>의 R 관리도가 된다.

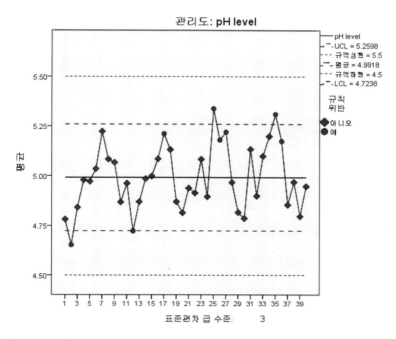

〈그림 10.2.5〉 X-Bar 관리도

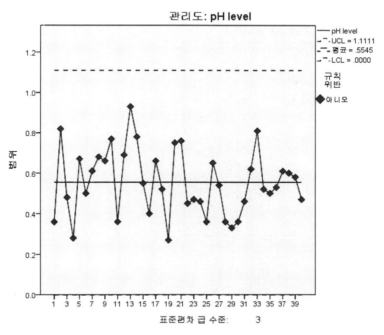

〈그림 10.2.6〉 R 관리도

<그림 10.2.7>에는 규칙을 벗어나는 이상상태를 나타내는 시점의 데이터에 대하여 그 이유가 무엇인지에 관한 설명이 주어진다. 또한 공정능력지수와 공정성능지수의 값들이 출력된다.

X-막대에 대한 규칙 위반

Time of measurement	포인트 위반
2	-3 시그마 미만
2	-2 시그마 아래 마지막 3 포인트 중 2 포인트
12	-3 시그마 미만
17	행 추세 위의 6 포인트
25	+3 시그마 이상
26	+2 시그마 위 마지막 3 포인트 중 2 포인트
27	+2 시그마 위 마지막 3 포인트 중 2 포인트
27	+1 시그마 위 마지막 5 포인트 중 4 포인트
35	+3 시그마 이상
35	+2 시그마 위 마지막 3 포인트 중 2 포인트
35	+1 시그마 위 마지막 5 포인트 중 4 포인트
36	+2 시그마 위 마지막 3 포인트 중 2 포인트
36	+1 시그마 위 마지막 5 포인트 중 4 포인트

8 포인트는 제어 규칙을 위반합니다.

처리 통계량

Act. % 외부 SL		4.6%
능력지수	CP[a]	.762
	CpL[a]	.749
	CpU[a]	.774
	K	.016
	CpM[a,b]	.761
	Est. % 외부 SL[a]	2.2%
성능지수	PP	.653
	PpL	.642
	PpU	.663
	PpM[b]	.652

정규분포를 가정합니다. LSL은 4.5 이고 USL은 5.5 입니다.

a. 추정된 능력 시그마는 표본집단 범위의 평균에 기초합니다.
b. 목표값은 5.0입니다.

〈그림 10.2.7〉 이상상태 판정과 공정능력(성능)지수

10.3 계수형 관리도

계수형 관리도는 불량률(p) 관리도, 불량개수(np) 관리도, 결점수(c) 관리도, 단위당 결점수(u) 관리도 등이 있으나, 여기서는 불량률 관리도와 불량개수 관리도를 설명하기로 한다.

10.3.1 불량률(p) 관리도

속성도표인 계수형 관리도(control chart for attributes)는 불량개수(np)나 결점 개수(c), 불량률(p)과 같은 계수 형태의 품질특성치를 사용하여 작성된 관리도를 말한다. 대표적인 것이 불량률을 다루는 불량률 관리도(control chart for fraction defectives)이다. 이를 간단히 p 관리도라고 흔히 부른다.

공정불량률 p가 일정하게 유지되는 연속적인 생산 공정에서 n개의 시료를 추출할 때, 시료에 불량품 x개가 포함될 확률은 이항분포로부터

$$\text{p(x)} = \binom{n}{x} p^x (1-p)^{n-x}$$

로 주어지며, 그 평균값과 분산은 X를 불량품의 개수를 나타내는 확률변수라고 할 때, 각각

$$\text{E(X)}=np, \quad \text{V(X)}=np(1-p) \tag{10.12}$$

이다. 이러한 사실로부터 시료의 불량률 X/n의 평균과 분산은 각각

$$\text{E(X}/n)=p$$
$$\text{V(X}/n)=p(1-p)/n$$

이 된다. 따라서 관리한계선은 다음과 같이 구한다.

(1) 공정불량률 p를 알고 있는 경우

$$CL = p$$
$$UCL = p + 3\sqrt{p(1-p)/n}$$
$$LCL = p - 3\sqrt{p(1-p)/n}$$

(10.13)

(2) 공정불량률 p를 모르고 있는 경우

그러나 실제로 공정불량률 p를 모르고 있으므로, 다음과 같이 p의 추정값 $\bar{p}$는 다음과 같다.

$$\frac{검사에서 \ 발견된 \ 불량품의 \ 총수}{총검사 \ 개수}$$

이 $\bar{p}$를 식 (10.9)에 대입시키면 실제로 p 관리도에서 사용되는 다음의 관리 한계선을 얻을 수 있다.

$$CL = \bar{p}$$
$$UCL = \bar{p} + 3\sqrt{\bar{p}(1-\bar{p})/n}$$
$$LCL = \bar{p} - 3\sqrt{\bar{p}(1-\bar{p})/n}$$

(10.14)

만약 LCL이 0보다 작을 경우에는 $LCL = 0$으로 둔다.

10.3.2 불량개수(np) 관리도

1) 불량개수(np) 관리도란?

불량개수(np) 관리도(control chart for number of defectives)는 공정을 불량개수 np에 대하여 관리할 경우에 사용한다. 이 경우에는 각 군의 시료의 크기는 반드시 일정하지 않으면 안 된다. 또한 이 관리도는 양호품의 개수, 2등급의 개수 등과 같이 개수를 세어 관리하고 싶은 경우에도 사용할 수 있다.

2) 관리한계선의 계산

공정불량률 p를 알고 있는 경우에는 관리한계선은 다음과 같다.

$$CL = np$$
$$UCL = np + 3\sqrt{np(1-p)}$$
$$LCL = np - 3\sqrt{np(1-p)}$$

그러나 실제로 p를 모르므로 데이터로부터 p의 추정치 $\bar{p}$을 구하여 사용하면 다음과 같은 관리한계선을 얻을 수 있다.

$$CL = n\bar{p}$$
$$UCL = n\bar{p} + 3\sqrt{n\bar{p}(1-\bar{p})} \tag{10.15}$$
$$LCL = n\bar{p} - 3\sqrt{n\bar{p}(1-\bar{p})}$$

10.3.3 불량률(p) 관리도의 사용 절차

어떤 자동차 부품공장에서 로트(lot)별로 만들어지는 자동차 부품에 대하여 30개 로트에 대하여 샘플링 검사를 실시한 결과이다. 예를 들면 첫 번째 로트에서 $n = 193$개를 랜덤하게 추출하여 검사한 결과 6개가 불량이었다.

〈표 10.4〉 자동차 부품 불량 데이터(자료 파일: auto_lot.sav)

로트(lot)	표본 크기 (sample size)	불량품의 수 (number of defects)
1	193	6
2	198	1
3	211	1
4	210	0
5	204	2
6	214	1
7	208	1
8	210	3
9	198	2
10	174	2
11	195	1
12	192	6
13	162	1
14	197	2
15	213	3
16	220	3
17	198	0
18	220	1
19	212	1
20	215	1
21	201	0
22	210	5
23	186	0
24	190	4
25	193	0
26	204	5
27	206	2
28	195	2
29	182	3
30	189	2

1 분석

이 경우는 불량률(p) 관리도를 사용하여야 하며, 불량개수(np) 관리도는 샘플마다 개수가 다르므로 사용할 수 없다. <그림 10.3.1>에서 속성도표는 p, np 관리도를 우선 선택하고, 데이터 구성은 '케이스들이 부집단으로 측정'된 것이다. 이것은 첫 번째 로트에서 193개의 케이스들이 하나하나의 측정값이 얻어진 것이 아니라 양품과 불량품으로만 구별되었기 때문이다.

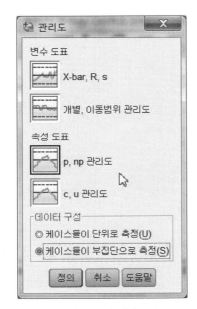

〈그림 10.3.1〉 도표의 지정

다음으로 <그림 10.3.2>에서 불량수에 대한 명칭을 부여하고, 부집단 설명 표시는 로트마다 개수가 변하므로 로트 변수를 선택하고, 표본크기 변수의 명칭을 입력하고, 도표는 p를 선택한다.

〈그림 10.3.2〉 불량수 및 부집단 설명표시 변수 지정

다음으로 모든 제어 규칙을 선택하여, 이상상태로 판정하고 싶은 규칙을 선택한다.

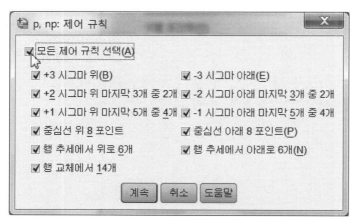

〈그림 10.3.3〉 제어 규칙의 선택

2 출력결과

불량률 관리도(p)를 그려보면 이상상태(규칙위반)로 보이는 점이나 패턴은 없
으며, 관리상태하에 있다고 판단할 수 있다.

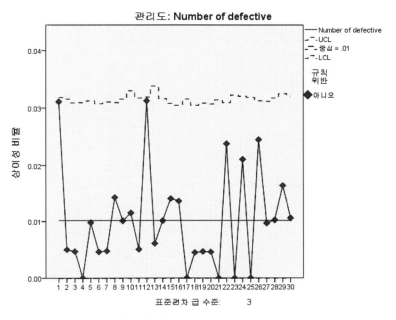

〈그림 10.3.4〉 예제의 불량률(p) 관리도

10.4 파레토 도표

품질관리를 수행하는 데 있어서 기본적으로 사용되는 품질관리 7가지 도구 (seven tools of QC)로 다음과 같은 것들이 있다.

① 관리도(control chart)
② 파레토 도표(Pareto diagram)
③ 히스토그램(histogram)
④ 특성요인도(causes-and-effects diagram)
⑤ 체크 시트(check sheet)
⑥ 산점도(scatter diagram)
⑦ 층별(stratification)

여기에서 관리도는 이미 앞의 1～3절에서 상세히 다루었고, 마지막으로 파레토 도표만을 소개하기로 한다. 기타 도구들에 대해서는 박성현(2005)의 통계적 품질관리 책자를 보면 상세히 설명되어 있다.

1) 파레토 도표란?

이탈리아의 경제학자 파레토(Pareto)가 1897년에 소득분포곡선으로 <그림 10.4.1> 과 같은 형태를 갖는 곡선

$$y = kx^{-a}$$

을 발표하였다. 여기선 x는 소득금액이고 k와 a는 적절한 상수이며, y는 점유 비율이다. x가 커질수록 점유비율 y가 떨어지는 것을 보여주고 있다.

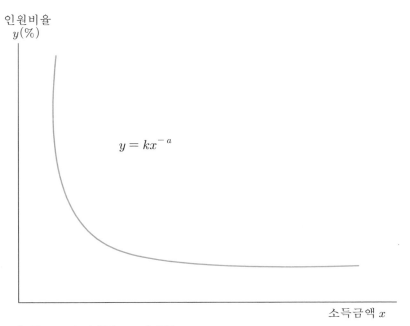

인원비율
$y(\%)$

$$y = kx^{-a}$$

소득금액 x

〈그림 10.4.1〉 파레토(Pareto) 곡선

품질경영의 석학인 J.M. Juran 박사가 파레토(Pareto) 곡선의 원리를 이용하여 QC 기법으로 제안하였고, 오늘날 우리가 사용하는 파레토 그림(Pareto diagram)이 되었다. 파레토 그림은 불량, 결점, 고장 등의 발생 건수(또는 손실금액)를 분류 항목별로 나누어 크기의 순서대로 나열해놓은 그림으로, 가장 큰 항목이 어느 정도의 점유율을 가지고 있는지, 가장 큰 두 항목을 합하면 어느 정도인지 등을 식별하기 용이하도록 만들어놓은 그림이다.

2) 파레토 도표의 사례

어떤 제품의 불량품의 수가 50개라 하자. 이를 원인별로 분류하여 보니 다음과 같다.

원인분류항목	데이터 수 (불량품 수)	%	누적 도수	누적 비율
A	23	46	23	46
B	10	20	33	66
C	7	14	40	80
D	3	6	43	86
E	2	4	45	90
기타	5	10	50	100

이를 파레토 그림으로 그려보면 <그림 10.4.2>와 같다. 이 그림을 보면 큰 원인분류 항목 A, B, C가 전체의 80%를 차지하고 있음을 알 수 있다. 파레토 도표에서는 각 항목이 차지하는 비율(%)도 중요하지만 누적 도수와 누적 비율이 중요하다. 이 예제에서는 처음의 두 개의 원인(A와 B)을 누적하여 보면 전체의 66%를 차지하고, 처음의 세 개의 원인(A, B, C)을 누적하면 전체의 80%를 차지한다. 따라서 A, B, C가 불량원인이라면 이들 원인만 제거하면 전체 불량의 80%를 제거할 수 있는 것이다.

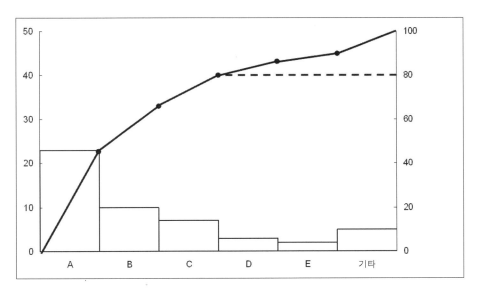

〈그림 10.4.2〉 파레트 그림의 예

3) 파레토 도표의 적용 사례

구두를 생산하는 공장에서 불량항목별 불량개수를 2주간 조사한 것이다. 불량개수로는 총 163켤레가 발견되었고, 그의 불량항목으로는 <그림 10.4.3>과 같이 5개 항목이었다.

	불량항목	불량개수
1	뒤틀림	98
2	벌어짐	33
3	접힘선이탈	20
4	긁힘	5
5	기타	7
6		

〈그림 10.4.3〉 불량항목과 불량개수

SPSS의 주메뉴에서 **분석 – 품질관리 – 파레토 도표** 절차를 선택하면 <그림 10.4.4>와 같다.

〈그림 10.4.4〉 파레토 도표의 지정

다음으로 파레토 도표의 종류로 **단순** 파레토 도표를 선택하고, 도표에 표시할 데이터로 **케이스 집단들의 빈도 또는 합계**를 선택하고 〈**정의**〉를 클릭하면 <그림 10.4.5>와 같은 화면을 얻는다. 다음으로 **변수합**에 불량개수를, **범주축**에는 불량항목을 차례로 입력하고 〈**확인**〉을 클릭한다.

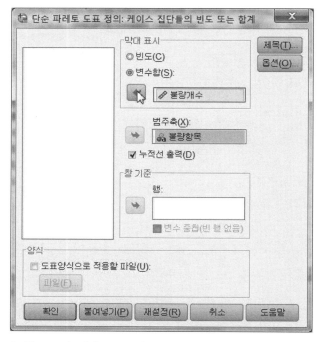

〈그림 10.4.5〉 파레토 도표 정의

<그림 10.4.6>과 같은 파레토 도표가 얻어진다.

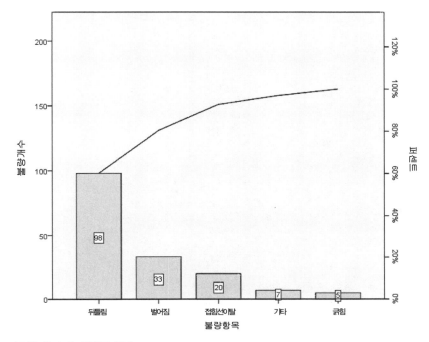

〈그림 10.4.6〉 파레토 도표

그러나 <그림 10.4.6>에서는 기타 항목이 오른쪽 끝에 위치하고 있지 않다. 기타 항목을 오른쪽 끝으로 보내기 위해서는 도표 편집기 창을 그래프 위에서 더블클릭하여 불러온 후에 특성 대화상자에서 범주형의 '차수'라는 내용에서 '기타'를 마지막으로 보내면(<그림 10.4.7>), <그림 10.4.8>과 같은 파레토 도표가 얻어진다.

참고로 도표 편집기의 그래프를 더블클릭하면 특성상자가 열린다. 여기서 **변수** 탭을 선택한 후 〈**다음**〉 단추를 누르고 **범주형** 탭을 선택하면 <그림 10.4.7>이 열린다.

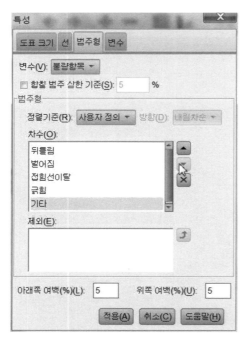

〈그림 10.4.7〉 범주의 '기타' 순서를 바꿈

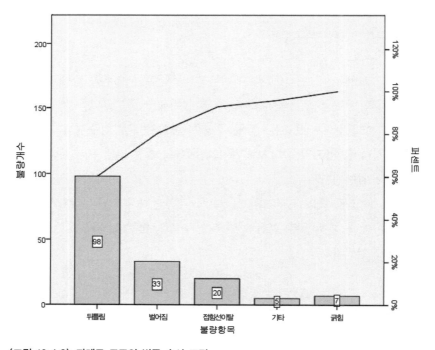

〈그림 10.4.8〉 파레토 도표의 범주 순서 조정

또 파레토 도표에 데이터 값을 나타내기 위하여 도표 편집기 창에서 **요소 – 데이터 설명 보이기** 옵션을 선택해준다(<그림 10.4.9>). 최종적으로 완성된 파레토 그림은 <그림 10.4.10>과 같다.

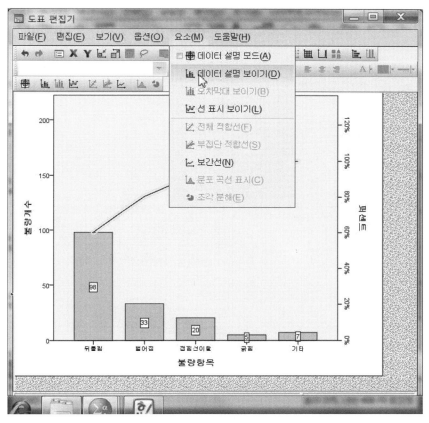

〈그림 10.4.9〉 도표 편집기 창에서 데이터 설명 보이기 옵션 설정

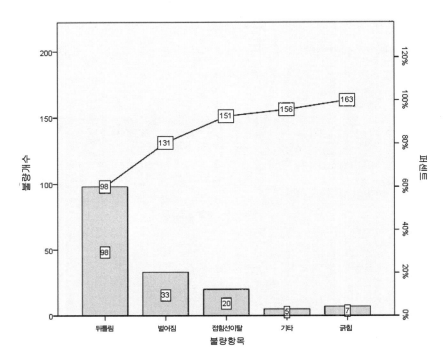

〈그림 10.4.10〉 선 그래프 위에 도수가 표기되는 최종의 파레토 도표

연습문제 exercise

10.1 어떤 합금을 만드는 금속회사에서 제품의 품질을 향상시키기 위하여 통계적 품질관리 기법으로 X−Bar와 R 관리도를 사용하기로 하였다. 현재 만드는 제품의 품질특성치는 강도로서 규격은 $15\pm2kg/mm^2$이다. 매일 2회씩 각 로트에서 3개의 시료를 채취하여 강도를 측정한 데이터는 다음과 같다. X−Bar와 R 관리도를 그려 관리상태를 판정하여라.

부분군의 번호	측정치		
	x1	x2	x3
1	14.5	14.4	14.0
2	13.0	13.8	14.2
3	16.7	14.8	15.1
4	15.9	15.0	14.5
5	14.4	15.9	15.0
6	14.0	13.7	15.2
7	13.1	12.9	15.7
8	13.9	14.9	15.9
9	12.9	15.9	13.8
10	14.2	14.0	14.9
11	14.4	15.4	15.5
12	15.0	15.4	16.7
13	15.1	15.9	16.9
14	14.2	14.7	15.0
15	14.7	14.9	15.6
16	15.9	16.7	16.4
17	15.2	15.7	14.7
18	15.4	15.4	15.7
19	15.0	15.6	14.5
20	15.7	15.8	14.3

10.2 위 10.1의 연습문제에서 20개의 부분군에 대하여 각각 첫 번째 데이터(x1)만을 가지고 개별과 이동범위($x-Rs$) 관리도를 그려보아라. 관리상태를 벗어난 데이터가 있는가?

10.3 다음은 매일 실시하는 최종 제품의 샘플링 검사의 결과이다. 불량률(p) 관리도를 그려 관리상태를 판정하여라.

일자	1	2	3	4	5	6	7	8	9	10	11	12	13
검사개수	48	46	50	28	49	32	40	47	60	70	80	40	50
불량개수	5	0	6	4	3	2	7	8	9	0	2	1	5

10.4 크기 $n=300$인 부분군을 매시간 추출하여 그 안에 포함된 불량품의 수를 기록하였더니 다음의 결과를 얻었다. 적절한 관리도를 그려 관리상태를 판정하여라.

일자	1	2	3	4	5	6	7	8	9	10	11	12	13	14	15	16
불량개수	6	5	3	4	8	9	10	3	4	5	6	1	2	0	10	14

10.5　어떤 제품의 불량품의 수가 100개라 하자. 이를 원인별로 분류하여 보니 다음
과 같다. 파레토 도표를 그려보아라.

원인분류항목	데이터 수 (불량품 수)	누적 도수
A	20	20
B	46	66
C	14	80
D	4	84
E	6	90
기타	10	100

참고문헌

강병서, 김계수, ≪사회과학통계분석≫, 한나래출판사, 2009.

김우철 외 7인, ≪일반통계학≫, 영지문화사, 1996.

박성현, ≪회귀분석≫(개정판), 민영사, 1992.

박성현, ≪현대실험계획법≫, 민영사, 1996.

박성현, ≪통계적 품질관리≫, 민영사, 1984.

박성현, 김성수, ≪SPSS^{X}와 SPSS/PC+ 통계패키지≫, 서울대학교 출판부, 1994.

박성현, 조신섭, 김성수, ≪SPSS 17.0 이해와 활용≫, 한나래 출판사, 2009.

송경일, 최종수, ≪SPSS를 이용한 임상자료의 분석≫, 한나래출판사, 2008.

송주원, 안형진, ≪무응답자료처리 및 분석≫, 통계교육원, 2009.

성내경, 이태림, 김성수, ≪통계패키지≫, 한국방송대학교 출판부, 2009.

이용구, 김성수, 김현중 ≪다변량분석 입문≫, 한국방송대학교 출판부, 2009.

이용구, 원태연, ≪마케팅조사 통계분석≫, 고려정보산업, 1998.

허명회, ≪선형모형방법론≫, 자유아카데미, 1993.

허명회, ≪SPSS Statistics 고급선형모형≫, SPSS, 2010.

황현식, 김공순, 이승희, 김진, 박정수, ≪중급 사용자를 위한 SAS와 통계분석≫, 경문사, 2002.

Anderson et al., *Statistical Methods for Comparative Studies*, Wiley, New York, 1980.

Dillon W.R. and Goldstein M., *Multivariate Analysis*, John Wiley and Sons, Inc., 1984.

Fox, J., *Linear Statistical Models and Related Methods*: *With Applications to Social Research*, New York: John Wiley and Sons, 1984.

Hosmer and Lemeshow, *Applied logistic regression*, New York: John Wiley and Son, 1989.

Jackson, B.B, *Multivariate Data Analysis*: *An Introduction*, Irwin, IL: Homewood, 1983.

Johnson, R.A., *Applied Multivariate Statistical Analysis*, Prentice Hall, 1982.

Morrison, D.F., *Multivariate Statistical Method*, second edition, New York: McGraw−Hill Book Company, 1976.

Peter J. Rousseeuw, Silhouettes: a Graphical Aid to the Interpretation and Validation of Cluster Analysis. *Computational and Applied Mathematics* 20: 53 – 65, 1987.

Piet de jong, Gillian Z. Heller(2009) : 전희주, 최용석, 최종후, 기승도, 김은석 역, 보험 자료를 활용한 일반화 선형모형, 사이플러스

Searle, S.R., *Linear Models*, New York: John Wiley, 1971.

Searle, S.R., *Linear Models for Unbalanced Data*, New York: John Wiley, 1987.

Seber, G.A.F., *Multivariate Observations*, New York: John Wiley & Sons, 1984.

SPSS Advanced Statistics 17.0, SPSS Inc.

SPSS Base 17.0 User's Guide, SPSS Inc.

SPSS Categories 17.0, SPSS Inc.

SPSS Decision Trees 17.0, SPSS Inc.

SPSS Missing Values 17.0, SPSS Inc.

SPSS Neural Network 17.0, SPSS Inc.

SPSS KOREA 자료실: http://www.spss.co.kr/community/com_main.asp

SPSS Regression 17.0, SPSS Inc.

SPSS Statistics Base 17.0 User's Guide, SPSS Inc.

Zhang, T., Ramakrishnan, R. and Livny, M., An Efficient Data Clustering Method for Very Large Databases, Computer Science Data Mining and Knowledge Discovery, Volume 1, Number 2, 141~182, 1997.

찾아보기 ────────────────────